○小红楼论学文丛

童庆炳　著

童庆炳 谈审美心理

河南大学出版社

图书在版编目(CIP)数据

童庆炳谈审美心理/童庆炳著. —开封:河南大学出版社,2008.3

(小红楼论学文丛)

ISBN 978-7-81091-787-2

Ⅰ.童… Ⅱ.童… Ⅲ.审美活动-心理学-研究 Ⅳ.B83-02

中国版本图书馆 CIP 数据核字(2008)第 035306 号

责任编辑　靳宇峰
责任校对　张文卿
封面设计　凤文传媒

出版	河南大学出版社		
	地址:河南省开封市明伦街 85 号	邮编:475001	
	电话:0378-2825001(营销部)	网址:www.hupress.com	
排版	郑州市今日文教印制有限公司		
印刷	河南省诚和印制有限公司		
版次	2008 年 3 月第 1 版	印次	2008 年 3 月第 1 次印刷
开本	890mm×1240mm　1/32	印张	6.25
字数	139 千字	插页	1
定价	13.00 元		

(本书如有印装质量问题,请与河南大学出版社营销部联系调换)

2008年作者于小红楼寓所

童庆炳,1936年生,福建连城人。北京师范大学教授、博士生导师,中国中外文艺理论学会副会长,中国作协理论批评委员会委员,教育部人文社科重点研究基地北京师范大学文艺学中心主任,长期从事文艺理论和美学的教学与研究。主要著作有《中国古代诗学与美学》(1992)、《文学概论》上下卷(1994)、《文学活动的审美维度》(2001)、《现代诗学十讲》(2005)等。其主编的《文学理论教程》(1992)获国家教学成果奖,多部专著获教育部人文社科著作奖。

目　录

小　引…………………………………………………（1）
从"断片的人"到完整的人
　　——谈现代人的审美需要………………………（3）
主体心理意象的诗化
　　——谈审美联想…………………………………（12）
心理定向与美的幻觉
　　——谈审美投射…………………………………（20）
与天地万物相往来
　　——谈审美移情…………………………………（28）
换另一种眼光看世界
　　——谈审美心理距离……………………………（37）
胸次淡泊与美的发现
　　——"虚静"说浅释………………………………（46）

心灵与自然的沟通
　　——谈"异质同构"……………………………………（55）
欲望的替代性满足
　　——谈审美升华……………………………………（63）
返回人类精神的故园
　　——谈心理原型……………………………………（72）
审美中的苦难与甘美
　　——谈审悲快感……………………………………（81）
陋劣之中有至好
　　——谈审丑快感……………………………………（91）
论审美知觉的基本特征………………………………………（100）
自我情感与人类情感的相互征服
　　——论文学艺术中审美情感的深层特征…………（125）
论艺术想象的意向性和认识性………………………………（151）
李贽的"童心说"及其现代意义………………………………（171）
从古典的"移情"说到现代的"异质同构"说…………………（187）

小 引

审美对人来说是再普通不过的事情。我们差不多整天都在审美。人们穿衣要穿得漂亮,这是审美;人们吃饭也要讲究色、香、味,这是审美;人们买了新房要装修得有品位,这是审美;人们买小汽车代步,也要讲究小车的款式,这是审美;人们看影视中的文艺节目,或者欢笑,或者流泪,这也是审美;秋天的时候,人们来到开封,看那花团锦簇的、万紫千红的菊花,也是审美……审美有三个层次,第一层次"悦耳悦目";第二层次是"悦心悦意";第三层次是"悦志悦神"。审美是人的精神需要。人类离不开审美。但人类要想获得审美,并不是容易的。审美的过程必须调动人的全部心理机制,当人的心理机制不能全部敞开,或者说在有心理障碍的时候,审美就不能实现。因此,在美学研究中,有三种研究:这就是哲学美学、社会学美学和心理学美学。心理学美学作为美学的一个分支,着重研究人在审美过程中的心理机制。关于审美心理,长期以来形成了许多学说。

1990年我给《文史知识》写了一个专栏，专门述评审美过程中的审美心理机制，但我采取了一个新的视野，就是把西方的心理学美学与中国古代的相关论述作了一些比较，为审美心理的研究开辟了一个小小的新面。

　　我要感谢河南大学出版社的好意，使我这些"旧文"能与读者重新见面。

童庆炳

2007年11月于北师大小红楼寓所

从"断片的人"到完整的人
——谈现代人的审美需要

当代世界的学术思潮中,出现了一个十分引人注目的现象,那就是各种学科从不同的视角关切并研究着人自身。人,又一次成为众多学科的共同主题。这种现象的出现并不是偶然的。

随着现代工业文明的突飞猛进,人的物质生活水平有了很大的提高(当然那些受到不正常政治、灾荒等影响的国家和地区除外)。也许,今天一个"普通"农民的生活过得比昔日的一般地主的生活都要好。且不说别的,昔日地主的家里哪有今日农民家里常见的洗衣机、电视机、录音机、电冰箱这"新四大件"呢?显然,这一切都是现代工业文明给人带来的好处。然而人也为此付出了昂贵的代价,这就是人的断片化。那么,什么是人的断片化呢?这要从德国思想家、作家席勒以及他的思想的扬弃者卡尔·马克思说起。

席勒生活的18世纪的德国,与当时英法等经过工业革命的国家相比,仍然是一个四分五裂的封建国家,但席勒就在这工业文明刚刚露出曙光的时刻,曾超前地预见到人类将用很高的代价来迎接工业文明。他一针见血地指出了工业文明的弊病。他说:"现在,国家与教会,法律与习俗都分裂开来,享受与劳动脱节、手段与目的脱节、努力与报酬脱节。永远束缚在整体中一个孤零零的断片上,人也就把自己变成了断片了。耳朵里所听到的永远是由他推动的机器轮盘的那种单调乏味的嘈杂声,人就无法发展他生存的和谐,他不是把人性印刻到他的自然(本性)中去,而是把自己仅仅变成他的职业和科学知识的一种标志。"①现代工业的发展给人带来的某些灾难,证实了席勒的论点。现代工业的一大特征就是劳动分工的进一步发展,在一个工业流水线中,每一个人只负责其中的一个工序,永远重复着同一个动作,人被死死地捆绑在机器的一个局部上,或者说,人也变成了机器的一种手段。此种情形我们只要回想一下卓别林的电影《摩登时代》,就能领悟到了。从一定意义上说,工业文明实际上是很不文明的。因为在这里,人不再是人,原本是完整的人变成了机器的附属品,变成了一个个断片,现代人本性的内在纽带,就这样断裂。用席勒的话说:"人们的活动局限在某一个领域,这样人们就等于把自己交给了一个支配者,他往往把人们其余的素质都压制下去。不是这一边旺盛的想象力毁坏了知性辛勤得来的果实,就是那一边抽象精神熄灭了那种温暖过我们心灵并点燃过想象力的火焰。"②席勒思想的深刻性不仅在于指出了工业文明中工人的断片化,而且还在于

---

① 席勒:《美育书简》,中国文联出版公司1984年版,第51页。
② 同上书,第50页。

指出这种断片化在资产者那里也发生了。他认为,资产者在工业文明中被贪欲所腐蚀,"表现出一种更令人作呕的懒散和性格腐化的景象",这样,他们自身也被单一的东西支配着,他们的贪欲与腐化使他们"由自然之子变成狂徒,由艺术的门生变成毫无价值的人"。就这样,无论是上层阶级还是下层阶级,他们的知、情、意都被活活地割裂,工业文明带来了"一代感觉迟钝的人"。席勒的思想充满了对人自身的关心,他所发出的是人道主义的呼唤和警告。

卡尔·马克思听到了席勒的呼唤和警告。他循着席勒的思路继续思考。他发现,工业文明造成人性的分裂和人的断片化的原因是资本主义条件下必然要发生"异化劳动"。所谓"异化劳动",用通俗的话来说,就是劳动者不但感觉不到劳动的亲切和愉快,而是感到劳动处处与劳动者为敌。首先,劳动的异化使劳动者与他们的产品相敌对,因为他们的产品都被资本家掠夺去了,于是劳动者生产愈多,供他消耗的就愈少,他创造的价值愈多,他自己就愈无价值,愈下贱;他的产品造得愈美好,他自己就变得愈残废丑陋;他的对象愈文明,他自己就变得愈野蛮;劳动愈有威力,劳动者就愈无权;劳动愈精巧,劳动者就愈呆笨,愈变成自然的奴隶(参见马克思《1844年经济学哲学手稿》)。其次,更为严重的是异化劳动使劳动者的人性受到摧残,失去了人的本质力量。因为"他在自己的劳动中不是肯定自己,而是否定自己,不是感到幸福,而是感到不幸,不是自由地发挥自己的体力和智力,而是使自己的肉体受折磨、精神受摧残……因此,结果是:人(工人)只在运用自己的动物机能——吃、喝、生殖至多还有居住、修饰等等——的时候,才觉得自己在自由活动,而在运用人的机能时,觉得自己只不过是动物。动物性的东西成为人的东西,而人的东西成为动物性的东西"①。就这样,劳动者在这种异化劳动中由人变成了非人,变成了动物。劳动者的人性残缺不全,成了断片,那么资产者的人性就完整、就得到充分的发展了吗?完全不是。马克思指出,资产者的人性也异化了,私有财产使他们变得"愚蠢而片面",他们都钻进钱眼儿里去,除了钱,除了拥有感,不再有任何真正属于人的感觉,因此,一切肉体的和精神的感觉为这一切感觉的简单的异化即拥有感所代替。显然,从人性的角度看,资产者的心灵同样也贫困化、断片化。整个人类在工业文明的异化劳动中都面临着人的断片化的现实危机。这就是马克思沿着席勒的人道主义的思路所做出的惊骇世人的结论。

有人可能会提出,马克思的结论产生于资本主义的资本积累时期,在资本主义经过了一个多世纪的调整之后,劳动者并未出现绝对贫困化的新条件下,人的断片化的问题是不是已经解决了呢?人们会想,随着信息时代的到来,机器可以自动运转,劳动者的生活也改善了,人的劳动强度大大降低了,闲暇时间越来越多,人类是不是就可以免除人性断片化的危险呢?情况并非如此。西方马克思主义者、美国学者赫伯特·马尔库塞认为:"进步的加速似乎与不自由的加剧联系在一起。在整个工业文明世界,人对人的统治,无论是在规模上还是效率上,都日益加强,这种倾向不仅是进步道路上偶然的、

---

① 马克思:《1844年经济学哲学手稿》,人民出版社2000年版,第54—55页。

暂时的倒退。集中营、大屠杀、世界大战和原子弹这些东西都不是向'野蛮状态的倒退',而是现代科学技术和统治成就的自然结果,况且,人对人最有效征服和摧残恰恰发生在文明之巅,恰恰发生在人类的物质和精神成就仿佛可以使人类建立一个真正自由的世界的时刻。"①这是马克思的弟子在20世纪向人类发出的新的警告。

　　断片的人要走向完整的人、丰富的人,人性要复归,人的本质要全部占领,席勒和马克思在一百多年前就憧憬这一理想。不过席勒似乎是向后看的,他从古希腊人那里去寻找完整的人的楷模。他说:"希腊人的本性把艺术的一切魅力和智慧的全部尊严结合起来,不像我们的本性成了文化的牺牲品。希腊人不仅以我们时代所没有的那种单纯质朴使我们感到羞愧,而且在由此可以使我们对习欲的违反自然(本性)而感受到慰藉的那些优点方面也是我们的对手和楷模。他们既有丰满的形式,又有丰富的内容;既能从事哲学思考,又能创作艺术;既温柔又充满力量。在他们身上,我们看到了想象的青年性和理性的成年性结合成一种完美的人性。"②的确,古希腊人是发育得最好的人类孩童,他们创造了无比辉煌的古代文化,在他们身上有一种浑沌状态的"完美"。但是,我们无论如何不能说他们已获得了高层次的"完美的人性",充分发挥了人的一切潜能。一味向后看,我们不可能建构起完整的人、丰富的人。卡尔·马克思则主张向前看。他认为,只有消灭私有制,才能实现对"人的自我异化的积极扬弃",

---

① 赫伯特·马尔库塞:《爱欲与文明——对弗洛伊德思想的哲学批判》,上海译文出版社1987年版,第18—19页。
② 席勒:《美育书简》,中国文联出版公司1984年版,第48—49页。

才能实现"人向作为社会的人即合乎人的本性的人的自身的复归",在这种情况下,"人以一种全面的方式,也就是说,作为一个完整的人,把自己的全面的本质据为己有"(《1844年经济学哲学手稿》)。在这里马克思指明了一条从断片的人到完整的人的真正出路。那么,马克思所理解的"完整的人"究竟是什么样的呢?马克思认为,完整的人、丰富的人、全面发展的人作为理想的人,应该具有人的类的全部特性。而"自由自觉的活动恰恰就是人的类的特性"。这里所谓的"自觉",是指人的活动是合目的性、合规律性的,人能按自己的需要展开有目标、有计划性并具有能动性的活动;这里所说的"自由",是指人的心灵的自由,即人的知、情、意诸心理功能的自由协调的活动。用马克思自己的话来说,就是"人同世界的任何一种人的关系——视觉、听觉、嗅觉、味觉、触觉、思维、直观、感情、愿望、活动、爱——总之,他的个体的一切器官,正像那些在形式上直接作为社会的器官的那样器官一样,是通过自己的对象性的关系,即通过自己同对象的关系而对对象的占有"①。这意思是说,对于"完整的人"来说,他在面对他所生活的世界的时候,他不感到有障碍,他的所有的心理器官的门窗都敞开了,他的心灵处于一种自由和谐的状态。

马克思的理想也许还要经过若干岁月才能实现。聪明的人类并没有消极等待。他们早就开始寻找从断片的人向完整的人的过渡的中介。在科学技术文明高度发展的今天,他们更深入地探讨人自身的处境,并寻求克服人性断片化的办法。于是人们的目光不约而同

---

① 马克思:《1844年经济学哲学手稿》,人民出版社2000年版,第85页。

地投向了审美。审美是从断片的人向完整的人过渡的一个中介。在西方较早提出这一主张的还是席勒。席勒从他的人道主义的理想出发,为了克服人性的断片化,提出了美育。他认定,从感觉的受动性到思维和意志的能动状态过渡,唯一的途径就是通过审美的中介。在他看来,要使感性的人成为理性的人,即从不完整的人到完整的人,首先要使他成为审美的人,除此之外没有别的途径。于是他提出了美学史上一个著名的论断:"只有当人在充分意义上是人的时候,他才游戏,只有当人游戏的时候,他才是完整的人。"①这里说的游戏,不是指孩童的戏耍,而是指审美,其中又以对艺术美的创造和鉴赏为主要内容。

  为什么审美可以成为从断片的人到完整的人的一种中介呢?从一定意义上说,断片的人被束缚在单一的感觉上,其他一切肉体的、精神的能力都成了牺牲品。当然,他们已经丧失了"感受音乐的耳朵、感受形式美的眼睛",他们丧失了自己的精神家园,就像一个远离故乡的游子茫然无所依归。他们的感觉钝化,已不能领略"细雨鱼儿出,微风燕子斜"(杜甫)那种细微的自然场景的变化;他们的情感已麻木,不能体会"若问闲情都几许?一川烟草,满城风絮,梅子黄时雨"(贺铸)那种无尽的愁思和"昼出耘田夜绩麻,村庄儿女各当家;童孙未解供耕织,也傍桑阴学种瓜"那种温馨的田家乐,更不会有"人生得意须尽欢,莫使金樽空对月。天生我材必有用,千金散尽还复来"(李白)的豪情胸襟和"采菊东篱下,悠然见南山"(陶渊明)的闲情逸

---

① 席勒:《美育书简》,中国文联出版公司1984年版,第90页。

致。他们的想象力已萎缩,他们无法相信女娲补天、后羿射日和孙悟空的七十二变;他们的理解力也已下降,难以体味"路漫漫其修远兮,吾将上下而求索"(屈原)、"沉舟侧畔千帆过,病树前头万木春"(刘禹锡)等诗句中的哲理。心理功能的严重障碍已成为断片的人的基本特征。而审美体验恰好就是清除心理障碍的适当途径,它可以帮助人们恢复各种心理功能,使人的心灵进入一个无障碍的、自由和谐的境界,为完整的人的实现创造条件。审美体验作为一种特殊的"高峰体验",与其他非审美体验在心理结构上有根本的区别。对于非审美体验来说,各种心理机制并不是完全贯通的,心理器官之间总是存在这样、那样的障碍。例如,在性体验一类的生理快感中,人的生理欲望几乎压倒一切,人"沉湎于肉体之中,局限于感官之内的快感,就使我们感到一种粗野和自私的色调"[1]。在道德体验所获得的满足中,道德的完善超过了其他一切,这就必须压抑人的正常的快乐,因为"道德决不是主要地关心获得快乐的"。为了实践"先天下之忧而忧,后天下之乐而乐"的道德信条,人们必须在其他方面(包括心理方面)做出重大牺牲。在科学发现所获得的愉悦中,理智的因素压倒一切。这样,科学家必须严格控制自己的情感与印象。可见科学经验也不是以心理无障碍为标志的。只有在审美体验中,人摆脱开尘世而进入到一个令人心醉神迷的美的世界,人的情感为中心的一切心理机制才被全面地、充分地调动起来,并达到高度的和谐。在诸心理因素之间,不是这个压倒那个,也不是那个压倒这个,各种心理器官完全

---

[1] 乔治·桑塔耶纳:《美感》,中国社会科学出版社1982年版,第25页。

畅通,达到了无障碍的和谐境界。正是在这个意义上,我们说审美体验是自由在瞬间的实现。审美是苦难人生的节目,是由断片的人到完整的人的一个中介。在审美体验那个瞬间,人的感知、回忆、联想、想象、情感、理智等一切功能都处于最自由的状态,人的整个心灵暂时告别现实而进入自由的境界。你可上九天揽月,也可下五洋捉鳖,你是一个男人,却可以尝一尝女人分娩的痛苦;你是一个乞丐,却不妨去当一回国王;如果你愿意,你可以从黄河钻进去,再咕咚咕咚从亚马孙河钻出来……现实中一切不可能,在审美的瞬间变成了一切都可能。正如陆机所说,审美之际,"精骛八极,心游万仞","观古今于须臾,抚四海于一瞬"(《文赋》),或者如刘勰所说,在审美的那一瞬间,"寂然凝虑,思接千载;悄焉动容,视通万里;吟咏之间,吐纳珠玉之声;眉睫之前,卷舒风云之色","登山则情满于山,观海则意溢于海"(《文心雕龙·神思》)。总之,审美给予人以充分的选择自由,使人性的残缺,变成了人性的完整,断片的人通过审美的中介走向完整的人。从这个意义上说,审美对人来说绝不是可有可无的戏耍,而是人独有的一种生存形式。在现代科学技术高度发展的条件下,现代人受到机器、仪表、汽车、高楼的重重挤压,面临着更深刻的断片化的危险,而防止、医治人的断片化的审美体验也就成为了人的不可缺少的、高层次的需要。

当然,人类要充分得到这种审美体验,是有条件的,那就是要通过社会实践,特别是革命实践,消除人剥削人的制度,消除产生"异化"的温床。在这个基础上,马克思的"全面的人"的理想才能得以实现。

(原载《文史知识》1989年第1期)

主体心理意象的诗化
——谈审美联想

审美是从断片的人过渡到完整的人的一个中介,审美对于建设理想的人性具有重大的意义,于是怎样来解释人的审美体验,总结审美规律,就成为美学的重要课题。而从心理学角度来阐释审美体验,也就构成了美学科学中的一个重要分支——心理学美学。

联想,可说是对审美体验的一种最古老的说明。那么,什么是联想呢?联想是人的一种心理机制,主要指人的头脑中表象的联系,即其中一个或一些表象一旦在意识中呈现,就会引起另一些相关的表象。譬如我们看到或想到冰河解冻,就会想到冬去春来;由冬去春来又很自然地想到万物复苏;由万物复苏又想到春景的美丽或春耕的繁忙……这种由一事物想到另一事物的心理过程就是联想。按联想的成因,联想可分为四种:接近联想、相似联想、对比联想和因果联想。接近联想是对时间或空间上接近事物的联想。如"让预言的号角奏鸣!哦,风呀,如果冬天来了,春天还会远吗?"(雪莱)从冬天来了想到紧接冬天后面的春天也已不远,这是时间上接近的事物的联想。相似联想也叫类似联想,是对性质、形态相似事物的联想。文学作品中所用的比喻一般都是相似联想,如"飞流直下三千尺,疑是银河落九天"(李白),从高高的瀑布想到银白色的长长的银河。飞瀑与银河在知觉形态上有相似之处,所以诗人在这二者之间产生了联想。对比联想是指性质、特点相反的事物的联想。"朱门酒肉臭,路有冻死骨"(杜甫)、"四海无闲田,农夫犹饿死"(李绅),都是诗人在性质、特点相反的事物之间产生的联想。因果联想是对具有因果关系事物的联想。譬如由冰想到冷。"不是花中偏爱菊,此花开尽更无花"(元稹)、"不畏浮云遮望眼,只缘身在最高层"(王安石),这些诗句前后两句所写的事物,都是由于因果关系所产生的联想。

无论中外,都有许多人自觉不自觉地用联想来解释审美体验,认为在审美活动中,人的脑海里会出现相关的纷呈意象,由甲想到乙,又由乙想到丙,而正是通过这种联想,人们暂时忘却了实际生活中的种种羁绊,进入一种心醉神迷的艺术世界,从而产生审美的愉悦。譬如听音乐,许多人都认为在愉快的享受中总有联想伴随着。钟子期听伯牙弹琴,成为伯牙的知音,获得审美的愉悦,是因为他在听琴之际,联想到"峨峨兮若泰山,洋洋兮若江河"。李颀的诗《听董大弹胡笳》,描述了他听弹奏时的心理活动:"空山百鸟散还合,万里浮云阴且晴。嘶酸雏雁失群夜,断绝胡儿恋母声……幽音变调忽飘洒,长风吹林雨堕瓦。迸泉飒飒飞木末,野鹿呦呦走堂下。"联想之丰富,实在令人吃惊。也许最为人熟知的例子是白居易的《琵琶行》中对琵琶弹奏所引起的联想:"大弦嘈嘈如急雨,小弦切切如私语,嘈嘈切切错杂弹,大珠小珠落玉盘。间关莺语花底滑,幽咽泉流冰下难。"人们都和白居易一样,觉得艺术或自然之所以美,多半是因为它能唤起甜美的联想。

持这种观点的人,在西方也大有人在。创始于17世纪中叶的英国联想主义心理学派以及此派的代表人物如洛克、贝克莱、休谟、哈特莱、詹姆斯·穆勒等,不但认为认知识记要靠联想,而且所有的审美体验也都要靠联想。没有联想,简直就没有人的意识活动,也没有人的审美活动。甚至生活于19世纪的德国音乐家舒曼也仍然认为,在音乐的审美创作和欣赏中,联想是不可缺少的。他认为在音乐创作中,"不能把外界事物的印象和影响作用估计得太低。在音乐的想象中往往无意之间掺进了某种思想,往往视觉对听觉起了配合作用。视觉这个永远在积极活动的感官,能把音响中产生的形象加以巩固和保持,随着音乐的进展,使它的轮廓变得愈来愈明确"(《柏辽兹的幻想交响曲》)。舒曼这里所说的视觉作用,是指作曲家不但听到了自己构思乐谱时的声音,而且也总是有跟乐谱相对应的形象在眼前呈现,正是这种形象的联想帮助了作曲家。舒曼问道:"难道我们可以抹煞大自然的功绩,否认我们在乐曲中利用了美丽宏伟的自然景色吗?意大利、阿尔卑斯、壮丽的海洋景象,春回人间、大地苏醒的宜人景色,这一切难道音乐没有向我们描写吗?"(同上)对于音乐欣赏中的审美体验,舒曼也主张用联想来加以解释,认为正是形象的联想使欣赏者沉入美妙的艺术世界,他举例说:"弗兰兹·舒伯特在用音乐从事细致的生活写景方面,是一位杰出的大师……我不能不谈一谈我经历的一件事:一天我和一位朋友弹奏舒伯特的进行曲。弹完后,我问他在这首乐曲中是否想象到一些非常明确的形象,他回答说:'的确,我仿佛看见自己在一百多年以前的塞维尔城,置身于许多在大街上游逛的绅士淑女之间。他们穿着长裙,尖头鞋,佩着长剑……'值得提起的是我心中的幻想居然和他心里的完全相同,连城市也是塞维尔城!谁也不能使我相信:这个小小的实例是无关重要的!"(同上)由此可见,像舒曼这些力主联想说的理论家和艺术家,并不认为有什么纯粹的音乐。许多人喜爱音乐,从音乐中获得愉悦,并不是因为欣赏声音本身的和谐等,而是因为音乐能唤起视觉的意象(即联想)。正是在这种意象的联想中,人们流连忘返,暂时摆脱开实际功利的种种牵累,使心灵进入一种自由的状态,而享受到美感。

然而,也有许多理论家和艺术家认为审美体验与联想无关。特别是到了现代主义艺术兴起之后,许多人提倡纯诗、纯艺术,强调艺术的形式美,贬低艺术中内容的作用,由此,以自然和艺术的内容为依托的联想说就遭到了沉重的打击。在这些人看来,审美体验不但与联想无关,而且联想还会妨碍审美体验。他们的理由主要是:第一,自然和艺术的美都在形式而不在内容,例如几个艺术家同时画一个人的肖像,可他们画出来的内容并不相同,有的可以富于特殊的意味,有的则意味全无,这种区别全看艺术家赋予肖像何种形式。这样,欣赏者就不能靠题材唤起的联想来获得美感,反之,只能在摒弃联想的情况下,靠对艺术形式的直观以获取美感。进一步说,有的艺术则仅存形式,很难寻找到确定的内容,如图案画、美的瓷器、花边、建筑、无标题音乐,等等,都是一种"纯粹的美",这种美是在颜色、线条、声音等媒介的独特组合中见出的。在欣赏这些艺术时,欣赏者无需借助联想就直接能获得美感。要是在欣赏这些艺术时产生联想，那恰好是走出了艺术境界，进入了实用境界，审美体验就丧失殆尽。第二，在审美体验中，只有让我们的注意力专注于一个独立的意象上面，凝神于一，不左顾右盼，才能沉醉于审美的愉悦之中。而联想则使欣赏者精神涣散，从而导致意识由审美对象向非审美对象的转换。所以联想是妨碍审美体验的。譬如我们游颐和园，如果游人不专注于园中的景色之美，见到古董就联想到它比金子还值钱，见到昆明湖中鱼儿游动，就联想到今天的晚餐上也许会有红烧鲤鱼……那么所有的审美愉悦也就在这联想中悄悄地消失了。

　　主张用联想说来解释审美体验的人和反对用联想说来解释审美体验的人，各有各的理由，那么联想究竟是有助于审美体验还是妨碍审美体验呢？我以为应该从以下两点来把握它：

　　第一点，应该把审美联想和非审美联想区别开来。

　　非审美联想相当于心理学上的自由联想，这是一种偶然的、随意的、杂乱的、不定向的联想。例如，唐代诗人贺知章的小诗《咏柳》："碧玉妆成一树高，万条垂下绿丝绦，不知细叶谁裁出，二月春风似剪刀。"显然，在这首诗里，每一个词都表示一个意象，而每一个意象又都可以引起随意自由的联想。例如诗中"剪刀"一词，就表示了一个意象，人们就可以由剪刀联想到制造剪刀的铁匠，再联想到铁匠流满汗水的脸，再联想到铁匠的种种生活情景；或者由剪刀联想到使用剪刀的裁缝，再联想到裁缝剪裁衣服时的神情，再联想到裁缝的种种生活情景，或是由剪刀联想到使用剪刀的医生——手术台——白大褂——病人——鲜血……如果我们读了这首诗，因"剪刀"一词而引起这些纯属随意的、无定向的、不受控制的联想,这就是非审美联想。这种毫无规则的、海阔天空的、无主题的联想与诗本身相去甚远,不能使我们进入诗所规定的情景之中,因而不但与审美体验无关,而且还要妨碍审美体验的产生。英国美学家布洛称这种联想为"非融化的"(non-fused)联想,即这种联想所引起的实用情感与审美对象所展示的情境不相融合,从而与审美无关。而我们平常所说的联想,多半是这种非审美联想。俄国学者罗蒙诺索夫在他的《修辞学》一书中说,联想是"那种和一件已有概念的事物一起能够想象出和它有关的其他事物来的禀赋,譬如:当我们心中想到船时,便一齐想到它航行的海,想到海便想到风暴,想到风暴便想到波浪,想到波浪便想到海岸中的响声,想到海岸便想到石子,等等。"尽管这种联想是对一种接近事物的联想,人们是容易理解的,但它没有定向性,没有主旨,不能构成审美的情境,因而是与审美无关的非审美性联想。审美联想相当于心理学上的控制联想,它的最大特点是联想时所展示的情境的定向性和整体性。譬如我们读前引贺知章的小诗《咏柳》,在产生审美联想时,我们不是把"剪刀"一词孤立出来加以联想,而是把它与全诗所规定的整体情境联系起来加以联想,而且我们是按诗所提供的独特情感,定向地进行联想的,"剪刀"在这里不是孤立的,它处在一首清新的咏柳诗的情境中,它的规定的意义是指"二月春风",是比喻二月春风似花匠手中的剪子,整齐地、精巧地把柳叶剪成绿丝绦,全诗的情境都引导我们对"剪刀"的联想朝这一特定的方向走。通过这种联想,我们就进入了诗所描写的境界中,我们似乎来到了花红柳绿、和风飘拂的春天的花园里,感到一种无法言喻的清新感和优美感。这种按一定的主旨、具有定向选择、沉入整体情境的联想就是审美联想。审美联想是人的心灵自由的一种表现,它给人带来美感的愉悦。布洛称审美联想为"融化的"(fused)联想,即这种联想所引起的情感与审美对象本身的情感是相融化的,不是隔离、孤立的。由此看来,笼统地说联想说可以解释审美体验是不对的,只有审美联想才与审美体验相关,只有用审美联想才能解释审美体验。

第二点,应该考虑到美有"依存美"和"纯粹美"的区别。

"依存美"和"纯粹美"是德国哲学家、美学家康德提出来的。他认为只有"纯粹美"才是"自由的美",但"纯粹美"又不是理想的美。理想的美应该是"审美的快感与理智的快感二者的结合"。实际上康德所说的"纯粹美"就是重形式的美,某些艺术品种,由于社会历史等各种原因,内容已淡化,人们直接感知到的仅是线、形、色、光、声、质等媒介及其组合方式,如上面讲过的图案画、花边装饰、建筑、陶瓷造型、无标题音乐,等等,就是以形式感取胜的"纯粹美",对于这些艺术品的欣赏,只能靠艺术直觉,即不经推理的直观,也不能靠审美联想。正如前面所述,当人们面对这类艺术品时,要是运用联想,就会离开特定的艺术世界,审美体验也就立刻消失了。与审美联想相契合的,往往是"依存美"。所谓"依存美"就是重内容的美,像小说、戏剧、散文和古典诗歌等,都不能离开人物、情节、景物等,人物的典型性、丰富性,情节的生动性、曲折性,景物的鲜明性、优美性等决定着这些艺术品美的程度。人们欣赏这类艺术品,就不能不借助审美联想。只有在审美联想中,作品所描绘的形象和形象体系,才能在欣赏者的头脑中呈现出来,而欣赏者也才能沉入艺术世界,并获得审美愉悦。审美联想是审美活动中实际存在的、不可缺少的。但也不能以此来说明审美体验的全部内容,审美体验的获得除了审美联想外,还包括投射、移情、直觉、顿悟等。

(原载《文史知识》1989年第2期)

心理定向与美的幻觉
——谈审美投射

审美投射理论的雏形虽然古已有之,但作为心理美学的一个重要分支则是本世纪才建立起来的。英国当代著名艺术史论家、艺术心理学家冈布里奇等人都极力主张以投射说来解释审美体验,并对这一学说做了深入的开掘,在国际美学界产生了巨大的影响。

什么是投射?投射是人的一种心理能力。让我们先举些例子来说明。《列子·说符》中有一则大家都很熟悉的寓言:

> 人有亡铁者,意其邻之子。视其行步,窃铁也;颜色,窃铁也;言语,窃铁也;动作态度,无为而不窃铁也。俄而扬其谷得其铁。他日,复见其邻子,动作态度,无似窃铁者。

过去分析这则寓言,总是讲人的主观成见和私欲搅乱了人的头脑,蒙蔽了人的眼睛。其实,从心理学的角度看,是"亡铁者"主体心理定向的投射。他凭自己过去的印象和眼前猜测，形成了一种定向认识：斧子是邻居的孩子偷的。于是他就把这种定向认识不断地投射到邻居的孩子的言谈举动、表情态度上去，让对象（邻之子的一切）符合主体的定向认识，这就产生了"他是小偷"的幻觉和幻象。一旦斧子找到了，主体的上述心理定向消失，投射停止，当然也就不再产生什么幻觉了。这则寓言可以说是最古老的对人的心理投射机制的形象说明。本世纪以来某些心理学家所做的许多视知觉、听知觉的实验，不过是运用新的设备和条件，重复着中国古老寓言的思路，例如有一位心理学家做过如下实验：在一个暗室里，受试者多人坐在一个屏幕面前。他们被告知这次进行的是对光的敏感的实验。他们还得知实验主持人先会在屏幕上投射出微弱的光，然后再慢慢增加光的亮度，要求每个受试者在他觉察到光时便记录下来。实验的结果是：在实验主持人并未打光时，就有不少受试者嚷叫起来，说他们看见了光。屏幕上根本没有光，为什么受试者说见到了光呢？其实是他们的执著的期待形成了屏幕上必然要出现光的心理定向，他们把这种心理定向投射到屏幕上去，于是产生了看见光的幻觉。期待产生了幻觉。你殷切地期待什么，常常就会看见什么或听见什么。由此可见，投射是人的一种心理能力，是主体将自己的记忆、知识、期待所形成的心理定向化为一种主观图式，投射到特定的客体上，使客体符合主观图式，促成幻觉的产生的心理过程。正是由于人都有这种投射能力，所以在我们平常的知觉中，墙上挂着的一件风衣可以是一个人，一个小小的窗户可以是一只眼睛，一个壶可以是一张嘴，一个图案可以是一张敌意地怒视着我们的阴险的脸，而天上飘着的云团可以是一条龙或一群马、或迭起的峰峦、或美丽的港湾……

　　人的审美体验与投射往往密切相关。有些审美体验完全可以用投射理论来加以解释。因为某些审美体验的实现,实际上就是对客体的"译解"过程,而这种"译解"又往往要以主体的美的幻觉的呈现为条件,美的幻觉的产生则又是在主体心理定向指导下向对象投射的结果,所以投射是导致审美体验的必须有的心理动作。譬如,在对自然美的观照与体验中,就常伴随着心理投射。坐落在各地的"望夫石"、"姐妹峰"、"罗汉岭"……被游客们赞叹不已,其实,望夫石不过是一块高耸的稍稍前倾的石块,姐妹峰不过是两座并肩而立的山峰,罗汉岭不过是模模糊糊像一尊菩萨般的山岭。但前人业已给它们命名,游人又都熟悉那有关的传说,那么当游人面对这石块、这山峰、这山岭之际,就必然会带着一种期待,对之作出反应。实际上游人是把自己熟知的传说与期待所形成的主观图式投射到对象上去,于是期待得到"证实",图式得到呈现,对象变成了有生命的、含情脉脉的望夫石、姐妹峰、罗汉岭。同样,我们参观桂林的芦笛岩,在灯光的照射下,在导游的指点下,我们仿佛看到了"狮子滚绣球"、"龙腾虎跃"、"唐僧师徒取经"、"瓜果大丰收"、"远方的闪烁着灯火的城市"等生动的景观,其实岩洞里并没有这些景观,有的只是一些又冷又硬的钟乳石群而已。那些景观在我们眼前的呈现,不过是在导游的指点下,唤醒了自己头脑中相关的形象记忆,从而形成了具有定向性的主观图式,并把它们投射到对象上去的缘故。实际上我们是在欣赏自己的美的幻觉。特别值得提到的是,当人的审美投射机制被激活之时,就是面对丑的事物也可能产生美的幻觉和幻象。清人沈复在《浮生六记》中记载这么一则亲身经历的趣事："余忆童稚时……见藐小微物，必细察其纹理，故时有物外之趣，夏蚊成雷，私拟作群鹤舞空，心之所向，则或千或百果然鹤也。昂首观之，项为之强，又留蚊子素帐中，徐喷以烟，使其冲烟飞鸣，作青云白鹤观，果如鹤立云端，怡然称快。"沈复把讨厌的蚊群变为美丽的鹤群的心理过程是典型的审美投射过程。沈复实验的成功在于他面对群蚊时有着带方向性的期待（"私拟作群鹤舞空"），这种期待激活了他记忆中的群鹤舞空景象，并在不知不觉中将它投射到对象（蚊群）上面去，这样，令人怡然称快的鹤群舞空（幻象）就在眼前呈现出来了。以上所述，说明了审美投射是人们欣赏自然美的一种极为重要的心理能力，而审美投射说也就很自然地成为了旅游美学的重要的理论支柱。旅游区的开发者们，给他们的景点安上各种各样生动的名字，目的就在于激活游人的投射机制，从而促使游人产生美的幻觉。

艺术创造过程中的审美体验与投射机制的关系也非常密切。关于这一点，意大利文艺复兴时期著名的艺术家阿尔伯蒂在他的《塑像》一文中就作了论述："我认为以模仿自然的造物为目的的艺术源于这样一种方式：在某一天看到一根树干、一团泥或一些别的被偶然发现的东西，它们的特定轮廓只需稍作改变，看上去就会惊人地像一些自然的对象，注意到这点，人们就试图看看，通过加法或减法去完成对一个完整的写真来说是否可能，因此，按对象本身的样子来调整和移动轮廓与平面，人们就可以达到他要求的目的，而且伴随着愉悦。"阿尔伯蒂所说的艺术创作过程与亚里士多德所主张的模仿过程很不一样。亚里士多德的模仿说立足于客体，主体要根据客体的状貌去加以再现,最终使主体符合客体。阿尔伯蒂的理论则立足于主体,主体把自己的主观图式投射到客体上,调整、移动客体,最终使客体符合主体。显然,阿尔伯蒂强调的是主体的投射作用。的确,艺术创作中的审美体验,不仅是从客体到主体,而且是从主体到客体。缺少从主体到客体的投射机制,仅仅搞单纯地模仿,这样的艺术创作是不会成功的。审美投射机制在创作活动中的加强,才能使艺术品达到美的极致。宋代学者沈括在《梦溪笔谈》中记载了这样一件事:

> 小窑村陈用之善画,迪见其画山水,谓用之曰:"汝画信工,但少天趣。"用之深伏其言,曰:"常患其不及古人者,正在于此。"迪曰:"此不难耳。汝当先求一败墙,张绢素讫,倚之败墙之上,朝夕观之。观之既久,隔素见败墙之上,高平曲折,皆成山水之象。心存目想:高者为山,下者为水,坎者为谷,缺者为涧,显者为近,晦者为远。神领意造,恍然见其有人禽草木飞动往来之象,了然在目,则随意命笔,默以神会,自然境皆天就,不类人为,是谓活笔。"用之自此画格进。

十分有趣的是,意大利文艺复兴时期画坛巨匠达·芬奇《论绘画》中的一段话与宋迪对他的朋友陈用之所说的话令人吃惊地相似。达·芬奇告诫年轻的画家:

> 你应当看着某些潮湿的玷污的墙面,或凹凸不平的有颜色的石头,如果你要创造某种背景,就能从这些墙面或石头上看见

天赐的风景画,上面有山、遗迹、石头、森林、大平原、山丘和溪谷,千姿百态,然后你还会在上面看见战斗、暴力行动中的奇怪的人物,他们的面部表情和服装,以及大量你能从那些完整、独特的形状中分析出来的东西。这种在墙上看出形象的情形与听钟声相似,在它的每一声响中你都可以发现一切你能想象得到的词。

达·芬奇的话与宋迪的话不谋而合并非偶然。他们都是艺术家,他们都深知艺术创作中审美体验的规律。画家不能靠单纯地模仿。他应该想办法刺激创造精神。而绝妙的办法就是投射,败壁上只有凹凸不平的沟纹、水痕斑斑的污点等,那上面没有什么山水,更不会有人禽草木飞动和战斗的场面及种种人物。这些都是画家在审美体验中产生的幻觉、幻象。画家在凝视败墙之际,心存目想,神领意造,唤起了他对种种山水、草木、人物的记忆,这些记忆再加上殷切的期待,于是心理投射就频频发生,主观的图式终于以幻象的形式呈现在眼前。画家在这投射过程中既获得了愉悦,又使其作品天趣盎然。投射机制的运用,可以说是艺术创作的奥秘之一。

审美投射的产生是有条件的。心理定向和空白屏幕是投射得以产生的两个不可缺少的条件。两者缺一,审美投射即不能发生。

首先是心理定向。心理定向是指开始投射并向美的幻觉伸出触角的准备和待发状态。这种准备和待发状态一般是由过去的记忆、知识和眼前产生的期待结合而成的。过去的记忆、知识作为事物的形象在头脑中的储存,是产生投射能力的基础。我们永远倾向于看见我们过去看到过的形象,倾向于听见我们过去听见过的声音。严格地说,对完全陌生的东西,我们实际上既看不见也听不见。一个先天的盲人,从未见过红色,假如有一天他的眼睛被医治好了,他是不可能立刻认出红色来的。所见出于所知,所听也出于所知。这个结论已被许多心理学实验所证实。但是仅有过去的记忆和知识,还不足以激活投射机制,还必须有突发原因所产生的眼前的强烈的期待。期待作为人的急切的需要是人的行为的动机,它可以在很大程度上影响人的体验。记忆、知识和期待相结合,形成了心理定向,投射机制随之也就被激活。让我们举一个简单的例子:

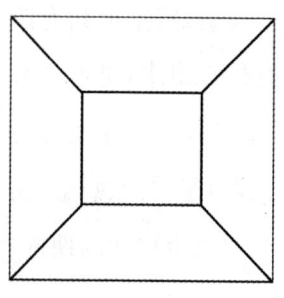

左图是一个大正方形套着一个小正方形,四角用线条相连。在投射机制的作用下,它可以是①从下往上看到的灯罩,②从上往下看到的灯罩,③从外往里看到的隧道,④截去顶端的金字塔的鸟瞰。我们之所以能把这四种东西投射到上图中去,第一是因为我们有灯罩、隧道、金字塔方面的直接的或间接的知识,假如某个人从未见过什么隧道,那么他就不可能从上图中看到隧道。第二是因为我们在观看时往往有人提示,而提示就唤起了我们的期待。期待与我们过去的记忆和知识一结合,形成了投射前的心理定向,于是我们仿佛真的看到了这四种东西。

其次是空白屏幕。即客体作为投射对象必须具有某种不确性、模糊性、多义性,以使主体能在上面投射他所执著期待的形象。上图即是一个不确定的并具有多重意义的空白屏幕,所以一旦心理定向形成，主体就可以往上面投射图式，从而产生幻觉。中国画论深知此中奥妙，极力提倡笔墨的空白。所谓"意到笔不到"，所谓"虚实相生，无画处皆成妙境"，所谓"远人无目，远树无枝"，所谓"半多于全"，所谓"以少少许胜多多许"，都深谙空白屏幕对投射的作用。清人方薰在《山静居画论》中曾这样评画："石翁（王石谷）《风雨归舟图》，笔法草率，作迎风堤柳数条，远沙一抹，孤舟蓑笠，宛在中流。或指曰：'雨在何处？'仆曰：'雨在画处，又在无画处。'"这里所说的"草率"、"数条"、"一抹"等，都言画面"笔不到"、"空白"大；这里所说"雨在画处，又在无画处"，则是画面经观赏者的投射后，意境美妙，以少胜多。这就说明了，对艺术而言，信息量太满并不总是好的，相反，削减了其中的信息量，倒能留下空白，刺激观赏者投射的机制，从而获得更大的信息量。从这个意义上说，审美投射正是艺术的含蓄之美的心理学依据。

审美投射说作为一种审美体验理论，并不能解释人的全部的审美体验。一般地说，它较适合于解释审美知觉，它可以较深刻地解释自然美欣赏和绘画等视知觉艺术的创作与欣赏，却较难解释更多地涉及审美情感的社会美欣赏和文学的创作与欣赏。这样，当人们的审美体验更多地涉及审美情感时，就很自然地把目光转向审美移情说。

（原载《文史知识》1989年第4期）

与天地万物相往来
——谈审美移情

在众多解释审美现象、总结审美规律的理论中,崛起于19世纪末和20世纪初的移情说,影响最为广泛和深远。整整一个世纪过去了,移情说并未减少它的理论魅力。在中国,自1930年代朱光潜先生的《文艺心理学》评介此说以来,接受此说的人也很多。移情究竟是怎么回事,移情理论的要点是什么,移情说能不能解释所有的审美体验,这就是本篇着重要回答的问题。

所谓"移情作用",通俗地说,就是指人面对天地万物时,把自己的情感移置到外在的天地万物身上去,似乎觉得天地万物也有同样的情感。这种经验最为普通,是每一个人都有过的。当自己心花怒放之时,似乎天地万物都在欢笑,当自己苦闷悲哀之时,似乎春花秋月也在悲愁。当然,天地万物不会欢笑,春花秋月也不会悲愁,是人把自己的悲欢移置到它们身上。描述此种移情现象的第一人是庄子。《庄子·秋水》篇中写道"庄子与惠子游于濠梁之上。庄子曰:

'鲦鱼出游从容,是鱼之乐也。'惠子曰:'子非鱼,安知鱼之乐?'庄子曰:'子非我,安知我不知鱼之乐?'"庄子从自己"出游从容",体会到快乐之情,他看见鱼儿"出游从容",于是把自己在出游中体验到的快乐之情,移置到鱼身上,觉得鱼在出游时是快乐的。庄子所述,是典型的审美移情现象。

然而,对此种移情现象作出真正的理论概括是较晚近的事。最早把"移情"作为一种美学观念提出来的是德国学者费舍尔父子。他们认为,我们对周围世界的审美观照,是情感的自发的外射作用。这就是说,审美观照不是主体面对客体的感受活动,而是外射活动,即把自己的心灵的感情投射到我们的眼睛所感知到的人物和事物中去。罗伯特·费舍尔在《论视觉的形式感》中说:"它不是 Einempfindung(感受),而是 Einfühlung(移情)。外射的动作是紧接着知觉而来的,并且把我们的人格融合到对象中去,因此,它不可能被说成是一种联想或回忆。在这种情况下,光线和颜色,看起来不是欢快的,就是悲哀的。当移情作用完成时,我们自己的人格就与对象完全融合一致了。"[①]显然,在费舍尔父子那里,移情观念已大体上确定了。当然,把移情说通过形而上的论证从而把它提高到科学形态的是活跃于20世纪初的德国美学家、心理学家里普斯(1851—1914)。移情说的建立是美学史上的一件大事。它的影响是如此巨大,以至于有人把它与生物学的"进化论"相比,把里普斯誉为美学界的达尔

[①] 参见李斯托威尔:《近代美学史评述》,上海译文出版社1980年版,第43页。

文。

审美移情说的要点是:

(一)审美移情作为一种审美体验,其本质是一种对象化的自我享受。

里普斯说:"审美欣赏的'对象'是一个问题,审美欣赏的原因却是另一个问题。美的事物的感性形状当然是审美欣赏的对象,但当然不是审美欣赏的原因。毋宁说,审美欣赏的原因就在我自己,或自我,也就是'看到''对立的'对象而感到欢乐或愉快的那个自我。"① 里普斯的意思是,审美体验作为一种审美享受,所欣赏并为之感到愉快的不是客观的对象,而是自我的情感。在审美享受的瞬间,是你把自我的情感移入到一个与自我不同的对象(自然、社会、艺术中的事物)中去,并且在对象中玩味自我本身。例如,郑板桥的诗篇《竹石》:"咬定青山不放松,立根原在破岩中。千磨万击还坚劲,任尔东西南北风。"竹石作为对象本无情,竹也不会"咬",也并无"坚劲"的人格,当然也不会有"任尔东西南北风"的情感、意志,这种种动作、人格、情感、意志不过是郑板桥的灵魂走进竹石中,因此诗中的竹石形象是人的本质力量的对象化。这样,审美欣赏的对象不是自然的竹石,而是移入到竹石形象中的自我情感。

(二)审美移情的基本特征是主客消融、物我两忘、物我同一、物我互赠。

---

① 里普斯:《论移情作用》,见《西方美学史资料选编》下卷,上海人民出版社 1987 年版,第 845 页。

如上所述,移情和感受是不同的。在感受活动中,主体面对客体,主体与客体是分离的,其界限是清清楚楚的。但在移情活动中,主体移入客体,客体也似乎移入主体,主客体融合为一,它们之间已不存在界限。里普斯举例说明移情与感受不同:"如果我在一根石柱里面感觉到自己的出力使劲,这和我要竖立石柱或毁坏石柱的出力使劲是大不相同的。再如我在蔚蓝的天空里面以移情的方式感觉到我的喜悦,那蔚蓝的天空就微笑起来。我的喜悦是在天空里面的,属于天空的。这和对一个对象微笑却不同。"[1]这话的意思是说,在感受中,主体与客体各自独立;但在移情中,主体与客体实现同一,互相沉入。对主体而言,他完全地沉没到对象中去,在对象中流连忘返,进入忘我境界;对客体而言,它与生命颤动的主体融合为一,实现了无情事物的有情化,无生命事物的生命化。这也就是说,在移情之际,不但物我两忘、物我同一,而且物我互赠、物我回还。关于这一点,许多艺术家、作家都有深刻的体会。苏轼这样描写文与可画竹时的精神状态:"与可画竹时,见竹不见人。岂独不见人,嗒然遗其身。共身与竹化,无穷出清新。庄周世无有,谁知此疑神。"[2]所谓"其身与竹化",就是物化,也就是人到竹里去,竹到人里来,实际上是竹已化为自己的精神,获得了人的生命的存在,这是移情中出现的物我两忘、物我同一的境界。清代大画家石涛也讲到自己创作时的心理状态:"山川脱胎于予,予脱胎于山川","山川使予代山川而言也,山川

---

[1] 里普斯:《论移情作用》,见《西方美学史资料选编》下卷,上海人民出版社1987年版,第859页。
[2] 苏轼《书晁补之所藏与可画竹三首》之一。

与予神遇而迹化"①。这里所说的"山川"与"予"相互"脱胎"以及"神遇而迹化",所讲的是审美移情中的物我互赠、物我回还的情境。戏剧家李渔也谈到自己的体会:"言者,心之声也,欲代此一人立言,先以代此一人立心,若非梦往神游,何谓设身处地?无论立心端正者,我当设身处地,代生端正之想;即遇立心邪辟者,我亦当舍经从权,暂为邪辟之思,务使心曲隐微,随口唾出,说一人肖一人,勿使雷同,勿使浮泛。"他还举例说:"我欲做官,则顷刻之间便臻富贵;我欲致仕,则转盼之际又入山林;我欲做人间才子,即为杜甫、李白之后身;我欲娶绝代佳人,即作王嫱、西施之元配;我欲成仙作佛,则西天蓬岛,即在砚池笔架之前。"②这就是说,由于作家"梦往神游"、"设身处地",所以能在顷刻之间使自己变成描写对象,实现主体与对象的同一。李渔在这里道出了创作中审美移情的典型心态。

(三)审美移情发生的原因是同情感与类似联想。

如前所述,移情的基本特征是物我同一、物我互赠,即物移入我,我移入物。但物我之间的同一、互赠、移入是怎样发生的呢?以什么做中介呢?或者说,移情是由什么原因引起的呢?对于这个问题,里普斯和德国学者谷鲁斯、英国学者浮龙·李的回答是不同的。谷鲁斯、浮龙·李认为移情之际物我之间的中介,或者说引起移情的原因是人的生理活动,即移情的发生须借重人的身体各部分所引起的适应活动。他们认为,移情现象起因于人的"内模仿"。模仿冲动是人

---

① 石涛《画语录》。
② 李渔《闲情偶寄》。

皆有之的。挂钟滴答滴答地响,我们的筋肉也随之一松一紧地动,这实际上是以筋肉的松紧来模仿钟摆声的节奏。这是不产生美感的普通的模仿。同理,审美的模仿也有筋肉动作相配合,不过往往隐含在内而不真的表现出来,所以叫做"内模仿"。谷鲁斯曾举例说:一个人在看跑马,真正的模仿当然不能实现,他不愿离开他的座位,而且他有许多理由不能去跟马跑,所以他只心领神会地在模仿马的跑动,在享受这种内模仿所产生的快感。

里普斯在回答这个问题时,其观点与谷鲁斯等人不同。他承认在移情过程中有"内模仿"动作,但他认为"内模仿"与美感效应无关。里普斯的看法是,审美移情不是起因于人的生理活动,而是起因于人的一种心理活动——类似联想。里普斯说:"我们都有一种自然倾向或愿望,要把类似的事物放在同一个观点下去理解。这个观点总是由和我们最接近的东西来决定的。所以我们总是按照在我们自己身上发生的事件的类比,即按我们切身经验的类比,去看待在我们身外发生的事件。"[1]这就是说,审美的人都具有同情心,即以自己在生活中体验到的某类情感,去类比、理解周围的看起来是同类的事物。这种同情,不但及于同类的人物,而且也及于生物、无生物。里普斯最常举的实例就是观照古希腊"多利克式"石柱时的情形。古希腊神庙常用一排石柱来支撑屋顶的重压。在高大的石柱上面刻有凹凸相间的纵直的槽纹。人们在观看"多利克式"石柱时产生了一种奇妙的感

---

[1] 里普斯:《论移情作用》,见《西方美学史资料选编》,上海人民出版社1987年版,第841页。

觉:不但没有产生下垂的感觉,反而产生一种耸立腾飞、不甘屈服的感觉。我们为什么会有这种感觉呢?这是因为:"我们也硬着颈项,挨过艰难困苦,亲身领教过出身抵抗时的一种特殊的身心的紧张。这种经验已凝结为记忆,变为'自我'的一部分。现在目前的石柱不也是在那里撑持重压么?不是仿佛在挺起腰杆向上面的重压说'你要压倒我,我偏要腾起来',我和石柱就出力抵抗这一点经验说,有些类似。这个类似点就成为移情作用的媒介。"里普斯肯定移情不是起因于人的生理动作,而是这种对天地万物的同情感,即类似联想。

　　我认为里普斯的观点比谷鲁斯、浮龙·李的观点更可信。中国古典诗词中有许多以移情为特点的诗句,我认为是由于诗人富于无与伦比的同情感,并善于进行类似联想才创作出来的。例如:"白云抱幽石,绿筱媚清涟。"(谢灵运)"相看两不厌,只有敬亭山。"(李白)"颠狂柳絮随风舞,轻薄桃花逐水流。"(杜甫)"春蚕到死丝方尽,蜡炬成灰泪始干。"(李商隐)"野桃含笑竹篱短,溪柳自摇沙水清。"(苏轼)"日暮北风吹雨去,数峰清瘦出云山。"(张耒)"怨春不语,算只有殷勤,画檐蛛网,尽日惹飞絮。"(辛弃疾)"野蔓有情萦战骨,残阳何意照空城。"(元好问)人们要问,白云如何会拥抱幽石,绿竹如何会取媚清流,人与山如何会相互久看而不厌,蜡烛如何会流泪,柳絮何以会颠狂,桃花何以会轻薄,野桃怎么会含笑,山峰如何会清瘦,蛛网如何会对春天献殷勤,野藤怎么会对战骨有情,残阳怎么会对空城有意,显然,这都是诗人把自己在生活中体验过的情感移置到景物身上的结果,是典型的审美移情现象。但问题还在于诗人何以会把自己的情感移入这些景物中,这就在于诗人有一种可以推广到天地万物的博大的同情感。在诗人的世界里,白云、石头、绿竹、山峰、柳絮、桃花等等生物、无生物,都是生气灌注的,所有的自然景物都活跃着像人一样的生命,流动着像人一样的感情,它们和人一样,也有喜怒哀乐和悲欢离合,它们与人是平等的。因此,诗人见到白云环绕着幽石,就会以母亲抱子女、情人相拥抱去类比,"白云抱幽石"的诗句也就油然而生;见到燃亮的蜡烛流下了蜡油,就会以母子别离、情人相思时流下的泪去类比,"蜡炬成灰泪始干"的诗句也就自然涌上心头。可以这样说,对于世间一切事物的博大的同情心及类似联想,既是审美移情的成因,也是一切艺术的奥秘之所在。

(四)审美移情的功能是人的情感的自由解放。

在里普斯等人看来,尽管移情不一定伴随美感,但美感则必定伴随移情。因为审美移情能给人以充分的自由。人的不自由常常来自人自身。自身是有限的,它是自由的牢笼。可是在审美移情的瞬间,自身的牢笼被打破了,"自我"可以与天地万物相往来,获得了自由伸张的机会。"自我"与天地万物的界限消失了。"自我"进入了一种"非自我"的梦往神游的境界,你可以随朝阳的光芒一同放射,随海潮的浪花一同飞溅,随雄鹰搏击长空,随游鱼翱翔深水,你是白云,是雪山,是草原,是潺潺的小溪,是奔驰的骏马,是情人眼中那一瞥柔媚的眼波,是天地相接的那一抹地平线……总之,在审美移情的瞬间,人的情感从有限扩大到无限,你把你全部的悲愁、痛苦都交给了外物,你自由了,你解脱了。总之,审美移情的体验"包含了心灵的丰富化,开扩和提高"(里普斯语)。

当然,美学理论的发展已证明移情说是有缺陷的。它既缺乏科学的界说,也不能解释所有的审美体验。第一,移情说实际上没有提出一个区别审美反应与非审美反应的标准,在人的普通知觉中也存在着大量的移情现象。第二,在艺术欣赏中,过分的移情,反会混淆艺术世界与生活世界的界限,从而使人退出艺术世界,这就可能给人带来痛苦,而不是审美的愉悦。据记载,有一个女子读《红楼梦》,移情过分,把自己真的当成林黛玉,结果不但没有得到美感,反而同林黛玉一同哭个死去活来,最后竟然因忧伤过度而逝。第三,审美对象(例如文学作品)在读者身上引起两种激情,即共同的激情和个人的激情。如果我同贾宝玉、林黛玉一起体验痛苦、忧伤,这是共同的激情,移情说在解释这种共同的激情时是有成效的。但在贾母、王夫人等偷偷地策划强迫宝玉娶宝钗,而宝、黛却还未觉察,还沉浸在热恋的幸福时,我却为他们担惊受怕,甚至流下了同情的泪,那么这就是读者自己个人的激情。要解释审美活动中这种个人的激情,移情说就无能为力了。

(原载《文史知识》1989 年第 5 期)

换另一种眼光看世界
——谈审美心理距离

在审美体验中一味地"移情"不但不能增强美感,反而会使美感消失,甚至会产生苦痛感、不幸感和绝望感。这是因为在移情过深的情况下,审美主体与对象之间的界限完全消失,他们眼中的艺术世界还原为实际生活本身,这样,审美欣赏可能变成了自伤身世,审美主体也就可能陷入苦痛的深渊,甚至可能演变为一场灾难。那些读了歌德的小说《少年维特之烦恼》而自杀的青年,那些观看歌剧《白毛女》而站起来朝"黄世仁"开枪的战士,他们是感情丰富的人,却不是好读者、好观众,因为他们都在不知不觉之中因移情过深而从艺术世界中退回到现实世界,审美欣赏竟演变成了生活悲剧。由此看来,审美体验需要移情,但又不能一味移情。在审美主体与审美对象之间保持一定的距离,是审美体验的必要条件。这样就又有学者提出了"心理距离"说来解释审美体验。

"距离"一词的本义是对时间和空间而言的。如从此时到彼时、从此地到彼地之间隔着一个长度，人们就把这种时间、空间相隔的长度叫做距离。值得注意的是，这种时空距离有利于审美态度的产生。时间距离是美的塑造者。任何一种寻常琐屑之物，一旦年代久远就会获得美的价值，引发人的美感。例如，三足两耳的鼎，在古代不过是煮东西用的最普通不过的器物，但在今人的眼中，就会具有古雅之美，令人神往不已。这就是因为有了时间距离，是时间将它美化了。亲人死亡是最痛苦不堪的事，但岁月的流逝竟可以将其变为深沉的诗。中国古典诗词中，咏史、怀古的题材特多，也是因为时间距离具有美化、诗化作用的缘故。"遥想公瑾当年，小乔初嫁了，雄姿英发……"一个"遥"字，给人物和事件罩上了诗的光环，唤起了我们对古人的多少热情，引起了我们多少遐想与叹息。"从前这两个字可以立即把我们带到诗和传奇的童话世界，甚至一桩罪恶或一件坏事也可以随着时间的流逝而逐渐不那么令人反感"（朱光潜语）。同样，空间距离也具有美化事物的作用。在近处看起来平常、不快甚至丑陋的事物，将它们放在一定的距离外去观照，就可能变得奇崛、愉快甚至美丽。一般的山壑从近处看是很平常的，但你若登上高山往下俯瞰，就另是一番景象。例如，杨万里在《中元日晓登碧落堂望南北山二首》中这样写道："登山俯平野，万壑皆白云。身在白云上，不知云绕身。"你看，寻常的山壑，放到一定的距离之外，变得多么美丽而富于诗意！由此可见时空距离都可以促成观赏主体的审美态度的确立。

但是，"心理距离"说中的"距离"，不是指上述时空相隔的长度，而是指心理的距离。最早把"心理距离"作为一种美学原理提出来的是瑞士美学家、心理学家爱德华·布洛（Edward Bullough）。1912

年他发表了题为《"心理距离"——艺术与审美原理中的一个因素》的长篇论文,提出了完整的"心理距离"说。布洛所规定的"心理距离"的概念,是距离的一种特殊形式,是指我们在观看事物时,在事物与我们自己实际利害关系之间插入一段距离,使我们能够换一种眼光去看世界。布洛举过一个"雾海航行"的例子。设想,海上起了大雾,这对正在船上的水手和乘客来讲,都是一件很糟糕的事。在茫茫雾海中,水手因判别不清方位和信号,担心船只触礁,而使精神极度紧张,感到万分焦急;乘客则除了担心船出危险而恐惧外,还会因船速放慢耽误旅行日期而心绪不宁,一切都使得这场大雾变成了不安与恐怖。但是布洛又说,假如水手和乘客暂时忘却海雾所造成的麻烦,忘却那危险性与实际的忧闷,把注意力转向"客观地"形成周围景色的种种景物,那么海上的雾也能够成为浓郁的趣味与欢乐的源泉。因为那迷茫的雾所造成的水天一色的情景像透明的薄纱,简直是一幅奇妙无比的画;那船处在雾海中所造成的远离尘世的沉寂,也能给人一种恬静、安宁、自由、快适的感觉。同一场景,却产生了完全不同的两种感受,这是怎么回事呢?布洛说:这是"由于距离从中作梗而造成的"。在前一种情况下,海雾与我们的切身利害完全重叠在一起,中间不存在"距离",我们只能用普通的眼光去看海雾,所以,只能感受到海雾给我们带来的灾难。在后一种情况下,海雾与我们的切身利害之间,插入了一段"距离",我们能够换另一种不同寻常的眼光去看海雾,所以能够看到海雾客观上形成的美景。由此不难看出,布洛所说的"距离",不是实际的时空距离,而是一种比喻意义上使用的"距离"。这种距离的插入,是靠自己的心理调整而实现的,所以叫做

"心理距离"。

古往今来,一切伟大的诗人、艺术家之所以能从寻常痛苦甚至丑恶的事物里发现美和诗意,就是因为他们通过自己的心理调整,能够将事物摆到一定的距离加以观照和品味的缘故。例如竹子,在一般人的眼里,它不过是可以架屋、造纸和当柴烧的寻常之物,但中国古代诗人面对竹子,却另是一种眼光,从它那里发现了一个又一个鲜活、动人、美丽、清新的世界。"寒天草木黄落尽,犹自青青君始知"(岑参),"绿竹入幽径,青萝拂行衣"(李白),"绿垂风折笋,红绽雨肥梅"(杜甫),"始怜幽竹山窗下,不改清阴待我归"(刘长卿),"一节复一节,千枝攒万叶。我自不开花,免撩蜂与蝶"(郑燮)。在这些诗人的眼中,已彻底改变了看待事物的普通方式,所以普通的竹子已具有生命的颤动和美好的性格,竹子在诗人的"心理距离"的作用下,已进入了艺术世界,获得了美的意味。由此可知,"心理距离"作为审美的一个因素,"有如强烈的亮光一闪而过,照得那些本来也许是最平常、最熟悉的物体在人们眼前突然变得光耀夺目"①。

"心理距离"说的核心是强调审美体验的无关功利的性质。在布洛看来,事物有两面,一面是"正常视象",另一面是"异常视象"。所谓"正常视象"的一面,是指事物的与人的功利欲望相关的一面;所谓"异常视象",即事物的与人的功利欲望无关的一面。在一般的情况下,事物的"正常视象"这一面是"具有最强的实际吸引力的一面",因

---

① 布洛:《"心理距离"——艺术与审美原理中的一个因素》,见《西方美学史资料选编》下卷,上海人民出版社 1987 年版,第 1029 页。译文有调整。

此我们的心总是倾向这一面,总是被事物的功利欲望所羁绊而见不到事物的美。例如我们对一条极为熟悉的街道,是很难领略它的"异常视象"(即美的形象)的一面的。我们一进入这条街道,就急匆匆走进冷饮店,转入副食店,在百货商店的货架前搜寻,在餐馆里吃饭,走出店门,进入家门,我们既不留心那洁净的街道,也不去理会那整齐的楼房……我们总是无法超脱与我们个人的需要和目的相关的"正常视象",因为我们无法把自己生活于其中的街道摆到一定的距离之外去观照。倒是一个从外地来观光的陌生人,他来到这条街道,并不去关心什么冷饮店、副食店、百货店、餐馆,即摒弃了街道的与人的功利欲望相关的实际的一面,为它街面整齐的楼房、洁净的道路、窗台上摆的花、蓝天上飞的鸽所倾倒,一下子就发现了它的具有美的特性的"异常视象"这一面。因为这个陌生人的心不为事物的功利欲望所牵累,能够把事物摆到一定的距离之外去观照,因而能够发现事物的美。由此可知,审美心理距离的获得是以审美主体的摒弃功利欲望为条件的。布洛强调说:"距离所造成的变化,可以说,一开始就是由于使现象超脱了我们个人需要和目的牵涉而造成的——总之,正如人们常说的,是由于'客观地'看待现象而造成的。"①

从现代心理学的观点来看,布洛的"心理距离"说实际上讲的是人的一种特殊注意——审美注意。注意作为人的一种心理机制是指人的大脑皮层形成了优势兴奋中心,使人的意识集中于一定的客体

---

① 布洛:《"心理距离"——艺术与审美原理中的一个因素》,见《西方美学史资料选编》下卷,上海人民出版社1987年版,第1030页。

或客体的特定方面,并排除其它的刺激,表现出人对一定客体或客体的特定方面的指向性和选择性。客观事物一般都具有非审美属性(如实用属性等)与审美属性这样两面。在非审美注意的情况下,是事物的非审美属性(如实用属性)引起人的大脑皮层的优势兴奋中心,因此,事物的审美属性被排除在注意之外,或仅仅成为一种"背景",人的注意集中指向事物的实用属性等非审美方面。如在雾海航行中,人们的注意完全被眼前的危险所吸引,对周围的景色美熟视无睹。又如面对竹子,人们的注意被竹子的实用价值所吸引,对竹子的美质不予理会。在这种非审美的普通注意的情况下,也存在着"心理距离",但这种"心理距离"是指主体心理与客体的审美属性之间隔着距离。正因此,主体只能感受客体的非审美的实用价值,而感受不到客体的审美属性。在审美注意的情况下,是事物的审美属性引起人的大脑皮层的优势兴奋中心,于是事物的非审美属性被排除在注意之外,或仅仅成为一种"背景",处在注意"前景"的是事物的审美属性。如雾海航行中把危险性暂时排除在意识之外,专注于周围景色的美。如在对竹子的观照中,暂时忘却竹子的实用价值,而把注意力指向竹子的种种美质。在审美注意中产生的"心理距离",是指主体心理与客体的实用属性之间隔着的距离,我们称之为"审美心理距离"。有了这种距离,主体的大脑皮层就会产生明显的负诱导现象,即对客体的实用方面视而不见、听而不闻,主体完全沉醉于客体的审美方面。由此可见,布洛的"心理距离"说所揭示的是审美注意在人的审美体验中的重要意义。

然而布洛的贡献不仅在于提出了"心理距离"说,而且还在于他提出了审美体验中"距离的内在矛盾"("Antinomy of distance")这个更为深层的观念。

布洛举例说:"假如有这么一个人,他认为自己有理由忌妒他的妻子,他正在观看《奥赛罗》一剧的演出。当奥赛罗的感情与经历和他自己的感情与经历愈加吻合一致时,他对奥赛罗的处境行为与性格的领会就愈加深刻而完美……就事实来说,也许他根本就不欣赏这出戏。实际情况是,这种协调只会促使他更加痛切地意识到自己的忌妒心;只要他的看法突然来个颠倒,他就不会再认为奥赛罗显然被苔丝迪蒙娜出卖,而会感到是他自己与自己的妻子处于类似的境地了。"①

这的确是艺术欣赏中的一个重要谜团。这里存在着复杂的"二律背反"。一方面,艺术作品是否能感动我们,引起我们的"共鸣",这与艺术作品所描绘的生活情景跟我们自身的独特的生活经验、体会相吻合的程度成正比。艺术作品中所描绘的生活情景与我们的个人经历愈是吻合,我们对艺术作品的领会就愈是深切入微,艺术作品就愈是能打动我们。这是一条规律。另一方面,艺术作品所描绘的生活情景与我们的生活经历愈贴近,我们就愈容易把作品的艺术世界与自身的生活经历混为一谈,我们也就愈容易从艺术世界退回到自身经历的现实世界。这样,愉快的审美鉴赏就可能变成一种痛苦的自伤身世了。这又是一条规律。上述两条规律似乎是不相容的。第

---

① 布洛:《"心理距离"——艺术与审美原理中的一个因素》,见《西方美学史资料选编》下卷,上海人民出版社 1987 年版,第 1033 页。

一条规律强调欣赏时距离要小,第二条规律则强调欣赏时距离要大,所以布洛称为"距离的内在矛盾"。

那么如何来解决审美体验中的"距离的内在矛盾"呢?布洛回答说:"无论是在艺术欣赏的领域,还是在艺术生产中,最受欢迎的境界乃是把距离最大限度的缩小,而又不至于使其消失的境界。"

这种"不即不离"的境界(朱光潜语)之所以是理想的艺术境界,在于它对"距离的内在矛盾"作了妥当的安排,它既不使因距离过远而无法理解,也不使因距离消失而让实用动机压倒审美享受,这样,就使审美主体在面对审美对象之际,既能"入乎其内"又能"出乎其外"。就艺术创作而言,"入乎其内,故有生气;出乎其外,故有高致"(王国维语)。例如在言情作品中,免不了描写性爱。可性爱的描写怎样才是恰当的呢?这就要考虑到"距离的极限"。《金瓶梅》诚然是一部伟大的作品,但其中的性生活描写过于直露、粗鄙,毫无"高致"可言,这样审美距离就完全丧失,结果只能刺激人的生理欲望,而不能激发人的美感。《西厢记》也写男女交媾,但却采用了"软玉温香抱满怀,春至人间花弄色,露滴牡丹开"这样的诗句。诗句中优美的形象、抒情的语调、和谐的韵律,透露出了一种"高致",使审美主体与描写对象之间能保持适当的距离,从而保证审美快感压倒欲望刺激。

当然,在审美体验中,能不能获得"不即不离"的距离,这不但与审美客体相关,也与审美主体的思想文化修养相关。对思想文化极其低下的审美主体而言,无论面对多么优秀的艺术品,也会因"距离丧失"而想入非非。

布洛关于"距离的内在矛盾"及其解决办法的论述,深刻地揭示了审美体验的规律,给艺术创作和欣赏以很大的启示。艺术创作中经常运用的诗化原则、陌生化原则、变形原则、程式化原则,从一定意义上说,都是艺术家为了使其艺术品获得理想的审美心理距离所采取的艺术处理。

(原载《文史知识》1989年第6期)

胸次淡泊与美的发现
——"虚静"说浅释

在普通的日常生活和大自然中,到处都有美,但并非人人都能发现它。正如法国著名雕塑家罗丹所说:"美是到处都有的。对于我们的眼睛,不是缺少美,而是缺少发现。"① 那么人的眼睛怎样才能发现美呢?英国学者爱德华·布洛提出的"心理距离"说,认为我们若要发现周围事物的美和诗意,就必须在事物与我们的利害考虑之间,插入一段"距离",使我们能换另一种不寻常的眼光去看事物。然而这种方式并非人人都能采用。马克思早就说过:"忧心忡忡的、贫穷的人对最美丽的景色都没什么感觉;经营矿物的商人只看到矿物的商业价值,而看不到矿物的美和独特性。"② 这就是说,审美注意的形成并非顷刻之间强行调整一下心理的事。对布洛所举的"雾海航行"的

---

① 《罗丹艺术论》,人民美术出版社1978年版,第62页。
② 马克思:《1844年经济学哲学手稿》,人民出版社2000年版,第87页。

例子,黄药眠先生说:"你想想看:当水手们手忙脚乱,当乘客们喧嚣扰攘,当邻船不时敲钟的时候,这位诗人却能够无动于衷,在那里欣赏雾景。这样的情况难道是可能的吗?即使是可能,这样的诗人也只能是一个十分自私的脱离生活的人物。"①这个批评是完全正确的。这就说明人的审美注意并不是孤立的,因而也不是人们自己可以随意调动的。或者说审美注意的形成必须以审美心境、胸次和人格为前提。对此,产生于中国先秦时期的审美虚静说,就显示出了它的优点,因为它正是以人的审美胸次、人格来说明审美体验所需的条件。

"虚静"说由来很早。最早提出此说的是老子。他的"涤除玄鉴"的命题,可以说是"虚静"说的源头。"涤除"就是洗除尘污,意即清除人的头脑中的私心杂念,使心胸变得沉静清明,"鉴"是观照,"玄"是道。"涤除玄鉴"就是要求人们排除主观欲望,取得内心虚静,以保证对"道"的观照。托名于春秋时代齐相管仲的《管子》,也认为要虚静恬淡,专心致志,才可能达到最高的认识。其中《心术》篇说:"去欲则寡,寡则静,静则精,精则独,独则明,明则神矣。"其后,《周易·系辞》提出"虚壹而静"的主张。但是老子、管子学派等提出的各种虚静说,都只局限于认识论领域,与美学无关。真正把虚静说作为一种审美理论提出来并产生重大影响的是庄子。其后,宗炳、陆机、刘勰、刘禹锡、苏轼等发挥并完善了庄子提出的审美虚静说。

那么,以庄子为代表的虚静说是怎样揭示审美规律的呢?其要

---

① 《黄药眠美学文艺学论集》,北京师范大学出版社2002年版,第56页。

点是什么呢？

(一)庄子思想的基本观念是"道"。

"道"是一种决定整个宇宙人生的绝对精神，它主宰着万事万物。庄子认为，最高层次的美并不在现象界，而在"道"之中。"道"才是客观存在着的本体的美。《庄子·知北游》中说："天地有大美而不言，四时有明法而不议，万物有成理而不说。圣人者，原天地之美而达万物之理，是故圣人无为，大圣不作，观于天地之谓也。"这里所说的天地的"大美"，就是"道"。在庄子的心目中，"美"与"道"是二而一的东西。圣人"观于天地"，既是观"道"也是追寻天地之"大美"。庄子在《田子方》篇中又进一步指出，能够"游心于物之初"（即游心于万物的本始，观照到了"道"）的人，就可以得到"至美至乐"，获得审美的愉悦。而"得至美而游乎至乐"的人，这才是在"道"与"美"之中遨游的"至人"。庄子上述对美的看法是他的"虚静"理论的前提，整个虚静说的体系都由此生发出来。

(二)既然美与道一体，那么观美也就必须得"道"。

然而怎样才能得"道"呢？庄子提出了"无己"、"去欲"的主张。他在《大宗师》篇中借一个得道者女偊之口，说明学道先要"外天下"、"外物"、"外生"，然后才能"朝彻"和"见独"。所谓"外天下"，就是排除天下世事的干扰；所谓"外物"，就是消灭物欲，不计贫富与得失；所谓"外生"，就是把生死置之度外。总的说就是摆脱一切功利思想的束缚，这样才能使心境清明洞彻（"朝彻"），并进而见到独立无待的"道"（"见独"），游心于天地之"大美"。庄子在《刻意》篇中更明确地说"澹然无极而众美从之"，意思是说，人若达到"澹然无极"的境界，即达到"无己"、"去欲"、"外天下"、"外物"、"外生"的毫无功利考虑的境界,那么一切美也就随之被发现了。

必须指出的是,庄子及其后继者所说的"无己"、"去欲",不是像后来西方学者所说的那样,只在体验的瞬间,抛却功利考虑,调整心理定向,以便形成审美注意,而是要求长期修养,使自己的胸次、人格都达到"无己"、"去欲"的地步,即所谓"喜怒哀乐不入胸次"(《庄子·田子方》),成为"无己"的"至人","无功"的"神人","无知"的"圣人"(参见《庄子·逍遥游》)。如果胸次、人格没有达到这种地步,审美注意是难于孤立形成的,当然也就不能发现美。"无己"、"去欲"是虚静说的核心,其他要求都是围绕着它提出来的。

(三)怎样才能达到"无己"、"去欲"即无关功利的精神境界,获得审美的胸次与人格呢?

这就必须"心斋"或"坐忘",进入"虚静"的状态。《庄子·达生》有一则寓言说:

> 梓庆削木为鐻,鐻成,见者惊犹鬼神。鲁侯见而问焉,曰"子何术以为焉?"对曰:"臣工人,何术之有。虽然,有一焉。臣将为鐻,未尝敢以耗气也,必斋以静心。斋三日,而不敢怀庆赏爵禄;斋五日,不敢怀非誉巧拙;斋七日,辄然忘吾有四枝形体也。当是时也,无公朝,其巧专而外滑消,然后入山林,观天性,形躯至矣,然后见成鐻,然后加手焉,不然则已。则以天合天,器之所以疑神者,其由是与!"

这里所说的"镰",是一种乐器,似夹钟(司马彪说),也就是装在木架上的钟鼓。"削木为镰"的活动,从广义的角度看,也是一种带有审美性的技艺活动,其中也必然有审美体验。庄子通过这个小故事,力图说明在艺术创造的审美体验中,必须排除功利的考虑,既"不敢怀庆赏爵禄",也"不敢怀非誉巧拙",甚至于要"忘吾有四枝形体",忘记有朝廷。一切功名富贵、褒贬得失都不入胸次。心意专一,外扰全消。然而怎样才能达到这种胸次与人格呢?庄子提出了不使"耗气"、"斋以静心"的方法。所谓"斋以静心",即庄子在《人间世》篇中所说的"心斋"。"心斋"不是指不饮酒、不吃荤那种祭祀的斋戒,而是指一个人心志专一,不用耳去听(因耳的作用止于聆听能引起欲望的外物)而用心去体会;进一步则要做到不用心去体会(心所体会到的毕竟还是现象)而用气去感应。气具有空明的特点,它能容纳外物及其内蕴。这种"气"只有在虚静中才能养成。所以"虚静"(空明沉静的心境)就是"心斋"。不难看出这个"心斋"、"虚静"的过程,就是"去欲"的过程,就是消灭一切直接功利性的过程。

值得重视的是,虚静须养气,不仅仅是为了调整一下心理,形成审美注意,更重要的是为了使人获得审美的心境、胸次和人格。而这种心境、胸次和人格的获得,并非一日之功,而是长期修养的结果。明代人方孝孺在《逊志斋集》中收了这样一则故事:方孝孺小时候有一次同一个老书生一起去逛闹市。回家后,方孝孺发现,"凡触乎目者,漫不能记"。而老人则把闹市中的一切都能讲得清清楚楚,连一些细枝末节也都记住了。方孝孺问老人这是怎么回事。老人说:"心之为物,静则明,动则眩。"又说:"子观乎车马,得无愿乘之乎?子见乎悦目而娱耳者，得无愿有之乎？人惟无欲，视宝货犹瓦砾也，视车马犹草芥也，视鼓吹犹蛙蝉之音也，则心何往而不静？"方孝孺听了老人的话，"退而养吾心三年，果与老人无异"。这则故事说明，是否存功利欲望之心，是主体能否把握客体的关键。而想做到不存功利欲望之心，别无他途，要靠长期地"养"。方孝孺"养心"三年，终于获得像老人那样澹泊、洒脱的胸次、人格，终能像老人一样地洞彻周围的世界并发现生活的美。这也就是说，虚静说对审美主体的要求，不单是调整一下心理定向，换一种眼光，而是换一副心肠，换一种胸次，换一种人格。而心肠、胸次和人格的更新决不是一朝一夕的事。

（四）"虚静"作为主体的一种精神状态或心境，具有怎样的功能呢？

在这个问题上，虚静说以主体的"静"和客体的"动"之间的关系，来论证虚静具有使客体的美得以充分显现的作用。"静"有消极与积极之分。消极的"静"，使人心灰意懒，使人处于睡眠状态，这样，人就无法深入客体，无法把握客体的审美属性。积极的"静"，使人的精神沉浸下来，专注于一个目标，使人的一切审美心理机制处于最敏锐的状态，这样，人就易于深入客体，并迅速把握客体的审美属性。"虚静"说中的"静"属于积极的"静"。南朝著名画家宗炳在《画山水序》中提出的"澄怀味象"的论点，刘勰在《文心雕龙》中提出的"陶钧文思，贵在虚静"以及"四序纷回，而入兴贵闲"的论点，刘禹锡提出的"能离欲，则方寸地虚，虚而万景入"的论点，苏轼在《送参寥师》一诗中提出的"欲令诗语妙，无厌空且静、静故了群动，空故纳万境"的论点，具体说法虽有所不同，但大致上都是说，在人的心境、胸次空灵虚静的情况下,人的审美之心特别地敏感,这样就能领略、把握天地万物之美,吸引、容纳"万景"、"万境"之致,从而感发起兴,诗情勃勃,进入审美体验。在这里特别值得一提的是,明代公安派作家袁中道在《爽籁亭记》中对一段听泉声的审美经验的生动描述:

> 其初至也,气浮意嚣,耳与泉不深入。风柯谷鸟,犹得而乱之。及瞑而息焉,收吾视,返吾听,万缘俱却,嗒然丧偶,而后泉之变态百出。初如哀松碎玉,已如鹍弦铁拨,已如疾雷震霆,摇荡川岳。故予神愈静,则泉愈喧也。泉之喧者入吾耳,而注吾心,萧然泠然,浣濯肺腑,疏瀹尘垢,洒洒乎忘身世而一死生。故泉愈喧,则吾神愈静也。

起初,"吾"(审美者)受泉声以外种种杂音的干扰,"气浮意嚣",不能形成审美心境。"及瞑而息焉,收吾视,返吾听,万缘俱却",进入"坐忘"一般的虚静状态,这时候,"吾"(审美者)才领略到了泉声的种种变态之美。而泉声入耳之后,又"浣濯肺腑,疏瀹尘垢"。这样,主体与客体就互相深入。所谓"神愈静,则泉愈喧",是主体深入客体,客体之美充分显现于审美者面前;所谓"泉愈喧,则吾神愈静",是客体深入主体,使主体与客体融为一体。袁中道的"静"(主体)与"动"(客体)的相互促进论,更深刻地揭示了虚静使人的意识契入客体,从而显现客体的审美属性的功能。

(五)"虚静"所达到的最高境界是"游",是心灵的自由。

"游"也是庄子提出的一个重要观念,其意义在于当人进入"心斋"、"虚静"状态之后,完全摆脱个人利害的束缚,实现了对"道"的观照,心灵于是进入一种高度自由的状态。庄子在其著作中经常运用"游"这个概念,如说"逍遥游","乘天地之正,而御六气之辩,以游无穷","游心于物之初","得至美游乎至乐",等等,其中的"游"都是指人的心灵在虚静状态中那种无拘无束的高度自由状态。那么为什么虚静可以使人进入此种自由境界呢?庄子在《庚桑楚》篇中这样说:

彻志之物,解心之谬,去德之累,达道之塞。贵富显严名利六者,勃志也。容动色理气意六者,谬心也。恶欲喜怒哀乐六者,累德也。去就取与知能六者,塞道也。此四六者不荡,胸中则正,正则静,静则明,明则虚,虚则无为无不为也。

庄子这段话的意思是:各种各样的功利欲望是束缚人的心灵的,去掉此种束缚,那么心中就可不受干扰而处于平正状态,心中平正就能安静,安静就能明彻,明彻就能空灵,空灵就能"无为无不为"。所谓"无为无不为"就是"游",也就是主体的心理由静而动,进入高度自由的境界。此种境界在一切审美体验中都是存在的。陆机、刘勰将"虚静"与"游"的思想用来描述艺术构思。陆机在《文赋》中说:"其始也,皆收视反听,耽思傍讯,精骛八极,心游万仞。其致也,情瞳昽而弥鲜,物昭晰而互进……观古今于须臾,抚四海于一瞬。"刘勰在《文心雕龙·神思》篇中说:"文之思也,其神远矣。故寂然凝虑,思接千载;悄焉动容,视通万里。"这就是说,在审美创造中,一旦进入寂然虚静的状态,那么创造主体的心灵就获得了充分的自由,一切审美心理机制就可活跃起来。"精骛八极,心游万仞",想象飞腾起来了。"思接千载","视通万里",感知与思维也充分调动起来了。

这种先静后动、动由静生的道理,一直为历代诗论家所津津乐道。如唐代司空图在《诗品》中所说的"素处以默,妙机其微",如苏轼所说的"居士之在山也不留于一物,故其神与万物交,其知与百工通"。所有这些说法都阐明了虚静有解放人的心灵的作用,是使人的审美心理达到高度自由活跃状态,并使人得到真正的审美享受的必不可少的媒介。

审美虚静说作为中国传统的美学理论,与西方的"心理距离"说有相似与相通之处多,但它从审美胸次、人格立论,而不是从审美注意立论,这就从更深的层次上去解释审美体验,值得我们很好地总结。然而庄子把美和"道"连在一起,而不是把美与生活连在一起,乃是头足倒置的唯心主义。另外,虚静说作为审美理论有其充分的合理性,但若是把虚静作为人生的自由来追求,那就可能会使人堕入"宿命"论的梦幻中。

(原载《文史知识》1989年第7期)

心灵与自然的沟通
——谈"异质同构"

格式塔学派是本世纪新兴起的、具有广泛影响的心理学派。关于审美体验,这个学派提出了一种独特的学说,即"异质同构"说。

世界上所有事物都具有两种属性,一种是物理性(非表现性),一种是表现性。在格式塔心理学派看来,审美体验就是对象的表现性及其力的结构(外在世界)与人的神经系统中相同的力的结构(内在世界)的同型契合。那么,什么是事物的表现性呢?怎样理解事物的力的结构与心灵的力的结构的同型契合呢?

按传统的说法,所谓表现性,就是指通过人的外表和行为的某些特征,可以把握到人的内在情感、思想和动机,或者简单地说,人体的外观和行为,表现了人的内在情感生活,脸部的状貌表征,肌肉的活动节律,步态的样式特点,手势的独特意味,以及人体别的运动的张力和韵律,都具有表现性,即都能表现某个人内在的心理状态、精神气质及性格特征等。同时又认为这种表现性不限于人的躯体动作,包括人的穿戴方式、整理房间和掌握语言的方式,以及某人所喜爱的东西的花色品种,某人赋予绘画、音乐、墨迹的意味,他喜好的游戏,他对戏剧角色的独特解释,等等,都能暗示出一个人的人格或临时的心境来,都具有表现性。

事实上,这种理论并不是格式塔心理学派的发现。早在18世纪,英国著名哲学家贝克莱就将此作为一种严肃的学说提出来了。他在《新视觉论》中,曾就一个观察者为什么会在别人的面部看到羞愧和愤怒的问题谈了他的看法,他认为,这样一些情感,其本身是无法被人看见的,但我们可以从人的面部表情和色彩的变化中洞见它们。这些变化是视觉直接把握的对象,我们之所以能够从中看到情感,那是因为它们在我们的经验中总是伴随着情感一起出现,如果预先没有这样一些经验,我们就分不清脸红究竟是羞愧的表现还是兴奋的表现。尽管贝克莱所作的解释与格式塔学派的解释完全不同(详下),但问题毕竟早就提出来了。

如果说传统的理论着重在人身与心灵的联系上来理解表现性的话,那么,格式塔心理学派的理解就远远超出了上述范围。他们特别重视无生命事物所传达的表现性,如季节、山脉、云彩、大海、小溪、枝条、花朵,等等,它们在不同条件下变化出来的表象,都传达了人的某种内在的情感、心境,都具有表现性。如中国古人所说的"春山淡冶而如笑,夏山苍翠而如滴,秋山明净而如妆,冬山惨澹而如睡",就是通过大自然的季节的变化与人的内在情感生活的联系,从而沟通了自然与心灵这两个不同的世界,传达出了人的情感生活的跌宕起伏的变化。

人的躯体、动作、装饰及大自然的种种风物的律动与人的心灵律动的沟通,使主客协调,物我同一,导致审美体验的产生,这已是公认的事实。问题在于对此现象作何解释。按"移情"说的解释,种种物我同一的现象,如"春山"之所以会"如笑","夏山"之所以会"如滴","秋山"之所以会"如妆","冬山"之所以会"如睡",并非对象本身的特性,而是人们把自己的情感移置到外在的对象上去的结果。然而,格式塔心理学派却用异质同构性原理来解释此种自然与心灵相沟通的现象。他们认为,世界上万事万物的表现,都具有力的结构,"像上升和下降、统治和服从、软弱与坚强、和谐与混乱、前进与退让等等基调,实际上乃是一切存在物的基本存在形式"①。他们还认为,物理世界和心理世界的质料是不同的,但其力的结构可以是相同的。当物理世界与心理世界的力的结构相对应而沟通时,那么就进入到了身心和谐、物我同一的境界,人的审美体验也就由此境界而产生。譬如,春山(物理世界)与人的"笑"(心理世界)虽然是不同质的,但它们的力的结构是相同的,即都属于"上升"的类型,因此,"春山"与"笑"就是异质同构关系,它们之间的联系与沟通,产生了"春山淡冶而如笑"的美好句子,给人以审美的快感。再如柳条下垂(物理世界)与人的悲哀(心理世界)虽然是不同质的,但其力的结构则是同型同构的(都是由高到低)。这样,当下垂的柳条呈现在人的面前之际,它的力的结构就通过视觉神经系统传到大脑皮层,这就与人的神经系统中

---

① 鲁道夫·阿恩海姆:《艺术与视知觉》,中国社会科学出版社1984年版,第625页。

所固有的悲哀的力的结构接通,而达到了同型契合,于是内外两个世界产生了审美的共鸣。从以上的分析中,我们不难看出,格式塔心理学派的"异质同构"说力图要证明的是以下两点:第一,物理世界所具有的某种力的结构和表现性,是对象本身的客观特性,既不是人们靠"联想"赋予的,也不是凭"移情"而获得的。第二,物理世界与心理世界的力的结构是不同质的,但可以相互对应、沟通、同一,从而达到内外两个世界的同型合一,并从这种同构关系中产生诗与美。

有趣的是,在中国,这种"异质同构"的思想也古已有之。孔子在《雍也》篇中说:"知者乐水,仁者乐山。知者动,仁者静。"水是流动的,它和变动不居的智慧,虽然质料不同,其力的结构则是相同的;同样,山是沉静、稳重的,它和仁者的端正、坚定的情操不也是"异质同构"关系吗?《礼记·乐记》中说"大乐与天地同和";《文心雕龙·原道》中说"言之文也,天地之心哉",石涛在《画语录》中也说"夫画,天地变通之大法",这些说法,都意识到了物理世界与心灵世界虽然质料、品位不同,但两者之间存在着某种神秘的对应同构关系。从这种思想出发,中国古人对内在与外在两个世界的异质同构现象做了大量的描述。例如陆机在《文赋》中说:"遵四时以叹逝,瞻万物而思纷。悲落叶于劲秋,喜柔条于芳春。心懔懔以怀霜,志眇眇而临云。"在这段话中,就分别把属于物理世界与心理世界的落叶与悲凉、柔条与芳心、寒霜与畏惧、云霞与亢奋,一一对应起来,是典型的异质同构。把异质同构现象描述得特别精彩的是清代桐城文论家姚鼐。他说:"鼐闻天地之道,阴阳刚柔而已。文者,天地之精英,而阴阳刚柔之发也……其得于阳与刚之美者,则其文如霆如电,如长风之出谷,如崇山峻崖,如决大川,如奔骐骥;其光也,如杲日,如火,如金镠;其于人也,如凭高视远,如君而朝万众,如鼓万勇士而战之。其得于阴与柔之美者,则其文如升初日,如清风,如云,如霞,如烟,如幽林曲涧,如沦、如漾,如珠玉之辉,如鸿鹄之鸣而入寥廓;其于人也,漻乎其如叹,邈乎其如有思,暖乎其如喜,愀乎其如悲。"[1]尽管姚鼐所述仅凭直觉,但他实际上在不自觉地用现代科学的"林奈分类法"(林奈——瑞典博物学家)。按传统的分类法,人们一般只按照生物与非生物、人类与非人类、精神与物质等范畴,去对各种存在物进行分类。但林奈分类法只以表现性作为对各种存在物进行分类的标准,这样就可以把极不相同的却具有同样表现性的事物分在同一类,例如暴风雨与革命,前者属于自然现象,后者属于社会现象,但因这两种事物的表现性和力的结构相同,就可以放在同一类中,使其处于异质同构的关系之中。姚鼐与林奈不谋而合。姚鼐把天下万事万物分为两大类,即"天地之道,阴阳刚柔而已"。无论在"阳刚"类,还是在"阴柔"类,都包含了极不相同的但在力的结构上相同的事物。运用这种非科学的分类法,对于科学可能毫无用处,但却帮助人们去发现事物的表现性和力的基本式样,发现那些属于不同范畴的或很少相同之处的事物之间的对应点、共同点。而这种对应点和共同点正是产生美感和诗意的源泉。

  正是由于上述的原因,诗人们特别重视将实际上很不相同的事物联系在一起的暗喻手法。当马致远吟出《天净沙·秋思》时,他实

---

  [1] 《惜抱轩文集》卷六《复鲁絜非书》

际上已经在枯藤、老树、昏鸦、古道、西风、瘦马、夕阳和断肠人这些极不相同的事物之间找到了共同点。这些暗喻手法的运用就是以异质同构为基础的。它的作用就是要透过客观事物的外壳,将那些除了表现性和力的结构相同,而其余都不相同的事物联系、对应、沟通起来,并从中引发出诗意。尽管我们的古代诗人并不知道什么是暗喻和"异质同构",但他们却不自觉地在他们的诗篇中充分地运用了它。例如杜甫的《野望》:

清秋望不极,迢递起层阴。远水兼天净,孤城隐雾深。叶稀风更落,山迥日初沉。独鹤归何晚,昏鸦已满林。

这是一首写深秋傍晚旷野景色的律诗。诗中并未直抒肃寂凄清,但肃寂凄清之情自见。那么这种艺术效果是怎样达到的呢?拿格式塔心理学派的观点看,这就是诗人不自觉地运用了异质同构的原理。近景中的孤城、落叶、独鹤、昏鸦,远景中的远水、远山、沉日,跟诗中暗含的肃寂凄清之情,虽然质料完全不同,但它们的表现性和力的结构却是相同的(其样式是下降、软弱),这样诗中的"物""我"同型契合,主体与客体交融统一,读者也就在这种契合、统一中获得审美的愉悦。这就不难看出,诗人天赋才能之一就是他能寻找并发现情感的同构物、对应物。他发现的同构物、对应物越多、越独特、越微妙,他就越是一个诗人,他的诗也就越能给读者提供美的享受。

异质同构性原理及其对审美经验的解释已如上述。我们要追问的是,它究竟有没有科学性?格式塔心理学派从生理方面去找科学根据。他们认为,物理世界和心理世界之间之所以会出现异质同构的同型对应,是因为内在的和外在的两种力的结构相同,在大脑中所激起的电脉冲相同。正是人脑中这种天生就有的生理的力量,使外在对象与内在情感契合一致。格式塔心理学家对此提出证据:幼儿在不可能通过经验学习任何东西的早年,似乎就能直接理解微笑或悲哀。三四个月的婴儿就能对愤怒或温和的声音及表情作出反应。五至七个月的婴儿已能对责骂的声音或威胁性的姿势,发出哭叫的反应。这也就是说,如果人的大脑中没有先天的反应系统,那么外在的世界与内在的心灵世界的对应、沟通是不可想象的(参见鲁道夫·阿恩海姆《走向艺术心理学》)。至今我们无法肯定或否定格式塔心理学的说法,因为他们的说法未经充分证实。我们认为异质同构现象的存在,应更多地从社会历史方面去寻找原因。这也就是说,物理世界的表现性及其力的结构,和心理世界的力的结构,都不完全是先天的,而是人类长期的生活、实践在人类头脑中埋下的线路,是长期的社会实践积淀和渗透的结果。让我们举一个通俗易懂的例子:为什么世界上世世代代的农民一听到布谷鸟的叫声都会觉得像音乐,觉得它美妙动听,心里产生一种难以言传的愉快呢?这不能单纯地从生理的方面去解释,因为还有许多别的更动听的鸟鸣,并不能唤起农民如此强烈的愉快感。原来布谷鸟所以特别讨农民的欢心,是因为它一年又一年地向农民宣告了春天的到来,耕耘季节的到来,宣告了漫长冬日的结束。这就是说,布谷鸟的叫声(外在世界)在长期的生活实践中已化为美好的象征符号;而农民听布谷鸟叫时的愉快感也就渗透、积淀了长期生活实践所含的意义,这样,布谷鸟的叫声(物理世界)与农民的愉快感(心理世界)才相互对应、沟通,才产生了和谐的异质同构关系。

(原载《文史知识》1989年第8期)

欲望的替代性满足
——谈审美升华

奥地利科学家西格蒙德·弗洛伊德是20世纪争议最多的人物之一,其原因就是他提出了非正统的却十分独特的心理学说——精神分析学说。抨击者把他的学说贬得一无是处,甚至骂他是专会写淫秽作品的下流作家;可崇拜者却把他比做哥白尼,称他为20世纪最伟大的天才,说他的发现引起了一代人世界观的革命,具有划时代的意义。不论人们怎样褒贬他,事实却是他的学说不胫而走,甚至对哲学、美学、伦理学、教育学、文学、艺术等许多领域都产生了深远的影响。在审美体验问题上,弗洛伊德也大胆地提出了"升华"说,这一独特的观念为美学研究开辟了一条新思路,是值得研究的。

为了弄清楚审美升华是怎样一种观念,必须先对精神分析学说的有关基本理论作些通俗而简要的说明。

在弗洛伊德提出他的精神分析学说以前,心理学家所着力研究的是人的显意识,并认为理性支配着人的一切行为。精神分析学说的立论与此相悖,它认为人的精神生活包含了意识和无意识两个部分,从动力学的观点看,意识部分无足轻重,它不能决定一个人的行为动作,它只代表人格的外在方面,真正有力量的是隐藏在心灵深处的无意识,这种无意识作为人的本能欲望,才是决定人类行为的内驱力。其实,关于无意识决定人类行为的思想,并不是弗洛伊德的发现。在他之前,早就有一批德国的哲学家和作家描述过"无意识"力量的特征。例如费希纳就把意识比作露出水面的冰山,说它的运动是由其下面的无意识潜流所推动的。但这"无意识"究竟是什么呢?它如何决定着人的行为呢?弗洛伊德对此作出了独特的回答,从而使"无意识"概念获得了新颖的、深刻的内涵。

弗洛伊德修订了上述简单的意识、无意识的两重的区分。提出了一种三重的人格结构理论,即把人的心理器官分为"本我"(id)、"自我"(ego)、"超我"(superego)三部分。"本我"相当于无意识部分,它是人格结构中最原始最难把握的部分。弗洛伊德认为,人类的本能作为一种心理能量或力比多(libido)被围困在本我中,其中最重要的又是从婴儿时期起就产生的性的内驱力。这种蓄积在本我中的心理能量,犹如"一团混沌、一口充满沸腾的激动的大锅",是一股"尚未驯服的激情",当它受到压抑时,人的心理也就处于一种难以忍受的紧张、痛苦中,这样本我渴望发泄,以缓解紧张的状态,摆脱难忍的痛苦。它不顾现实的可能、理智的提醒和道德的限制,根据弗洛伊德所说的"快乐原则"而操作。然而此路往往行不通。因为人总要考虑到现实的情况,于是"自我"就"代表理智和审慎"而出现。"自我"按"现实原则"而操作,充当自身与外部世界之间的仲裁者,做现实和理智许可做的事,暂时把本我寻找快乐的要求搁下不提。但自我又不能脱离本我而独立存在。弗洛伊德把自我与本我的关系比做骑士和马的关系。马提供能量,而骑士则加以指导,这样马就能奔向许可它去的地方。至于"超我",弗洛伊德说,它代表着"每一种道德的限制,代表着——力求完善的维护者。总之,正如我们已经能在心理学上所了解的那样,超我被描述为人类生活的高级方向"。这就不难看出,超我与本我处于直接的冲突中。

弗洛伊德的人格结构理论的一个关键,就是如何对待深藏在本我中的无意识本能的问题,升华概念就是在解决这个问题中提出来的。弗洛伊德把无意识本能归结为为生命服务的生命本能和为死亡服务的死亡本能。而在生命本能中,性本能(或称力比多)是最重要的。最典型的例子就是"俄狄浦斯情结"。据古老的希腊传说讲:俄狄浦斯本是底比斯王的亲生儿子。但在俄狄浦斯出生前,流传一个预言:底比斯王的新生儿,有一天将会杀父娶母。于是底比斯王在自己的儿子出生后异常恐惧,竟下令把婴儿弃置在山上,想活活地饿死他,以绝后患。哪想到有个流浪的牧人发现了他并把他送给邻国的国王当儿子。俄狄浦斯始终不知道自己的亲生父母是谁。长大以后,由于他有一次在底比斯战胜了女妖,建立了功勋,底比斯人拥戴他为新王,其后又娶孀居的伊俄卡斯忒女王为妻。他们生下了四个孩子。有一年底比斯发生了瘟疫,然后他才知道自己曾在某次旅途的偶然争执中杀死了自己的父亲,并发现与他共享荣华富贵的、一起养儿育女的女王是他的母亲。伊俄卡斯忒知情后自杀,俄狄浦斯羞怒之极,带着一双自己故意弄瞎的眼睛流浪去了。弗洛伊德非常重视这个故事,并认为对于异性生身亲长的性卷入的欲望,以及与之相伴随的对同性生身亲长的敌对感,在所有人身上都存在,因此可称为"俄狄浦斯情结"。"俄狄浦斯情结"和其他的欲望,储藏在本我中,隐没在无意识里,不断放出能量,它既没有道德观念,也缺乏理智思考,唯一的兴趣就是受"快乐原则"的支配,不惜一切代价地发泄能量,以满足自己的欲望。然而本我所需要的本能欲望的直接发泄(例如杀父娶母或杀母赶父),又是与社会文明相悖,根本没有实现的可能。这样本我就不能不处在一种极其痛苦的进退维谷的困境中。在这种情况下,出路只有两条,一条是压抑,一条是移置。压抑的确是一种自我保护的措施,它可以限制无意识本能欲望,把本能欲望固定在它的最初的起点上,不给本能欲望以发泄的机会。但这样一来,就会导致精神病症。欲望能量的另一条出路是移置(displacement)。所谓移置,就是指能量从一个对象改道注入另一个对象的过程。在能量发生移置时,本能的根据和目的不变,但目标和对象则已改变。升华是移置的一种。弗洛伊德说:"防范痛苦还有一种方式是我们心理结构所容许的力比多的转移……这里的任务是改变本能的目标,使其不至于被外部世界所挫败。本能的升华借助这一改变。如果一个人有能力增加从精神和智力工作这个源泉中获得的快乐,那么他的收益是极大的。"[①]

不难看出,升华作为移置的高级形式,是健康的并具有建设性的过程。这是因为升华作为一种潜意识过程,把那些深藏着的很有力

[①] 《弗洛伊德论美文选》,知识出版社1987年版,第170—171页。

的却与社会文明相悖的原始本能冲动,借这一过程而迂绕到社会允许的或具有积极价值的路线上去。

在弗洛伊德看来,本能的升华中极为重要的是审美升华。包括艺术创作和鉴赏在内的审美升华就是让人的原始本能欲望在审美体验中获得替代性的满足,并在这种替代性满足中缓解心理能量蓄积所造成的人的精神的紧张、失衡和痛苦。审美升华观念的内涵可以概括为以下两点:

第一,本能的升华是美和艺术的根源。在弗洛伊德看来,人为什么会创出美和艺术来,是因为人的无意识中有"俄狄浦斯情结"和性感的冲动。此种野蛮的原始的冲动与社会文明不相容,但又顽强地渴望得到满足,于是就改变了发泄的对象和目标,把性力升华改装成美和艺术。因此,美和艺术的根源不在外在的世界,而在人的内在的力比多。正是在这个意义上,弗洛伊德说,美和艺术"这些确实是性感领域的衍生物。对美的爱,好像是被抑制的冲动的最完美的例证。'美'和'魅力'是性对象的最原始的特征"①。弗洛伊德以列奥纳多·达·芬奇的绘画创作来证明自己的论点。他认为,达·芬奇在描绘各种圣母像时所激发的热情,就是他早年恋母情结的升华。而他的著名油画《蒙娜·丽莎》,画了"一个独特的微笑,一个既使人迷醉又使人迷惑的微笑","谁看了佛罗伦萨人蒙娜·丽莎·德·吉奥孔多的美丽非凡的面孔都会感到最强烈、最迷乱的效果",对于这微笑的解释,几乎争论了4个世纪,仍莫衷一是。弗洛伊德对这微笑做

---

① 《弗洛伊德论美文选》,知识出版社1987年版,第172页。

出了自己独特的解释,他认为"蒙娜·丽莎的微笑中结合着两种不同的因素……那种支配着女性性生活的冲突的最完美的表现——冲突在于节制和诱惑之间,在于最诚挚的温情与最无情地贪婪的情欲之间"。达·芬奇之所以要画蒙娜·丽莎这种微笑,是因为这微笑"唤醒了他心中长久以来休眠着的东西","唤醒了成年的列奥纳多对他童年早期的母亲的记忆"[①],是他的恋母情结的升华。弗洛伊德甚至还认为,莎士比亚的十四行诗、惠特曼的诗篇、柴可夫斯基的音乐、法国小说家普鲁斯特的作品的某些片断和章节,是对渴求同性恋的热望的升华。

这种把美和艺术跟性的欲望相联系的说法,在中国古代的文学创作中似乎也能找到某些根据。郭沫若于1921年早就发表了《〈西厢记〉艺术上的批判与其作者的性格》一文,运用弗洛伊德的精神分析理论,指出"《西厢记》所描写的却是第一重人格的有意识的反抗",作者王实甫"见了作对的昆虫和鸟雀也可以激起一种性的冲动,你看他说:'春心荡,怪黄莺儿作对,怨粉蝶成双。'这明明是种'见淫'"。他还认为王实甫"更几几乎有拜脚狂倾向。你看他说:'休提眼角留情处,只这脚跟儿将心事传。'此外在《西厢记》中叙到脚上来、鞋上来的地方还有好几处。对于女性的脚好像有很大的趣味"。郭沫若据此"揣想王实甫这人必定是受尽种种钳束与诱惑,逼成了个变态性欲者,把自己纯粹的感情早早破坏了,性的生活不能完完全全地向正当方面发展,困顿在肉欲的苦闷之下而渴慕着纯正的爱情。照近代精

---

① 《弗洛伊德论美文选》,知识出版社1987年版,第84页。

神分析派的学理讲来,这部《西厢记》也可以说是'离比多'的生产"。郭沫若还指出:"精神分析派学者以性欲生活之缺陷为一切文艺之源,或许有过当之处;然如我国文学中的不可多得的作品如《楚辞》,如《胡笳十八拍》,如《织锦回文诗》,如王实甫的这部《西厢记》,我看都可以用此说明。""假使屈子不系独身,则美人芳草的幽思不会焕发;蔡、苏不成为歇司迭里,则《胡笳》、《回文》之奇制不会产生。假使王实甫不如我所想象的那种性格,则这部《西厢记》也难以产生出。"郭沫若总的意思是:"欲死不得死,欲生不得生"的苦闷"是一切艺术之母"[①],而中国古代的不少优秀作品也是以性的苦闷作为其内驱力的。

第二,作为本能的升华的审美体验,对人的精神具有补偿作用。如前所述,人的本能欲望被封藏在无意识的本我中,假如受到了压抑不能发泄,那么人就要处在一种危险的精神失衡、紧张和痛苦之中。这时候,人要是能转向美和艺术,获得审美体验,实现本能的审美升华,那么他就必然会"稍许防卫了痛苦的威胁",得到一定的"补偿"。因为审美升华的那一瞬间,尽管他不能得到本我渴望得到的那种直接的本能的满足,但美和艺术毕竟把它引进到了令人陶醉的另一个幻想世界,使他获得了一种替代性的满足,从而在一定程度上缓解了他的紧张与痛苦,恢复了他精神的平衡。按精神分析理论的说法,夜梦、白日梦和艺术都提供幻想,可为什么弗洛伊德又更加看重艺术所

---

① 上引郭沫若的文字,见《沫若文集》第10卷,人民文学出版社1959年版,第186—191页

提供的幻想,并认为审美升华是其他各种升华无法代替的呢？在弗洛伊德看来,虽然夜梦、白日梦和艺术都提供幻想,但其幻想是不一样的。艺术中的幻想包含了更多的"精致形态",这种"精致形态"实际上是一种伪装,艺术家利用它无意识地隐藏了作品中羞于公布于世的潜在内容。例如,陀斯妥耶夫斯基要是坦率地说出他怀有杀父娶母的愿望,读者会感到唐突奇怪;就是读者作了同样性质的夜梦或白日梦,他也会感到负罪的内疚。但陀氏创作的《卡拉玛佐夫兄弟》,则把他的杀父愿望,用明白的内容伪装起来,即一个小说人物杀了另一个人物,而这另一个人物并不是凶手的亲生父亲却和他有父子关系。通过这种伪装,读者便意识不到那种杀死自己父亲的愿望,从而使自己既不遭受唐突的情感,又可避免负罪的内疚。由此可见,艺术作品作为审美的升华是十分重要的,是别的升华无法取代的。但弗洛伊德又认为,审美升华对人的欲望的满足是有限的,因为"这种满足的强度,与来自野蛮的原始本能冲动的满足的强度相比是较温和的;它并不震动我们的肉体","不能用来彻底防止痛苦"①。

关于艺术可以成为精神痛苦者的慰藉和补偿的思想,中国古代文论早有论述。例如,司马迁就说过历史上许多大著作都是"圣贤发愤之所为作也",钟嵘在《诗品·序》中说:"嘉会寄诗以亲,离群托诗以怨,至于楚臣去境,汉妾辞宫;或骨横朔野,魂逐飞蓬;或负戈外戍,杀气雄边,塞客衣单,孀闺泪尽;或士有解佩出朝,一去忘反,女有扬蛾入宠,再盼倾国。凡斯种种,感荡心灵,非陈诗何以展其义？非长

---

① 《弗洛伊德论美文选》,知识出版社1987年版,第171页。

歌何以骋其情。故曰:'诗可以群,可以怨。'使穷贱易安,幽居靡闷,莫尚于诗矣!"司马迁和钟嵘的话的意思,都是肯定诗和其他著作可以使人的情感得到排遣、慰藉、补偿,具有精神治疗的作用,可以说弗洛伊德的升华理论在他们的话中已露端倪。不过他们所讲的痛苦要广泛得多,并不专指性苦闷,这比弗洛伊德要高明得多。

弗洛伊德的审美升华理论虽然为心理美学提供了一条新思路,也并非完全没有意义。但他忽视了人的社会性,只看到人的动物性,从而把美和艺术都归结为性欲的作用,这就陷入了"泛性欲主义"的泥淖,因此他和他的门徒对美和艺术的具体解释常给人以牵强附会甚至痴人说梦之感。弗洛伊德的探讨是有意义的,但其非理性的理论弱点也是致命的。

(原载《文史知识》1989年第9期)

返回人类精神的故园
——谈心理原型

卡尔·古斯塔夫·荣格(1875—1961)是瑞士著名心理学家。他原是弗洛伊德的学生和信徒。弗洛伊德在给荣格的一封信中,称荣格是他的过继长子,他的王储和继承人。但后来由于学术观点的严重分歧和其他多种原因,荣格跟弗洛伊德及其精神分析学派分道扬镳。荣格是一个怪人。他的一生兴趣广泛,特别是对那些一般人认为缺乏科学根据的东西,如炼金术、星相学、卜卦、心灵感应、特异功能、瑜珈功、降神术、算命、飞碟、宗教象征、梦幻等着了迷,并有精深的研究。为此他屡遭批评。然而就是这个怪人在心理学上首次提出了关于心理类型的内倾与外倾的构想,关于人格结构的个人无意识和集体无意识的假说,并创立了为世人所瞩目的分析心理学派。荣格的理论对20世纪心理美学的影响十分深远,他提出的原型理论正受到越来越多的人的注意。

荣格和弗洛伊德的学说的共同点是他们都认为人的行为受无意

识的支配。但在对无意识的解释上却大异其趣。弗洛伊德认为无意识基本上是个人的本能所产生的能量，特别是性本能所产生的内驱力。荣格反对弗洛伊德这种泛性主义的解释。他主张把人格结构分为三个层次，即意识、个人无意识、集体无意识。个人无意识主要是指每个人曾经意识到，但以后由于遗忘或压抑而从意识中消失的内容。它由各种各样的情结构成。这些情结完全是属于个人的，不具有普遍性，它与个人的经历密切相关。集体无意识则是个人从未意识到的，它的存在完全得自于遗传，因而它是集体的、普遍的、非个人的，与个人后天的经历无关。它的内容是由先存的原型所构成的。而人的许多行为就是冥冥中受这种集体无意识的支配。可以说，集体无意识和原型是荣格的分析心理学的基本假说，也是他的学说中特别具有创造性和影响最为深远的方面，而且荣格对美和艺术的看法也正是由此生发出来，所以在此我们不能不作进一步的考察。

集体无意识和原型究竟是什么呢？在荣格看来，我们人类的祖先，和祖先的祖先，曾有过许多不断反复出现的精神事件，这些精神事件所凝结成的心理体验，对我们来说并没有消失，它们以原始意象（即原型）的形式，世世代代相继沿传，以大脑解剖学上的结构遗传保留在我们的头脑中。荣格说：原型"为我们祖先的无数类型的经验提供形式"，对后人而言，"它们是同一类型的无数经验的心理残迹"，"每一个原型意象中都有着人类命运的一块碎片，都有着在我们祖先的历史中重复了无数次的欢乐和悲哀的一点残余，并且总的说来始终遵循同样的路线。它就像心理中的一道深深开凿过的河床，生命之流在这条河床中突然奔涌成一条大江，而不是像先前那样在宽阔然而清浅的溪流中漫淌。"①简言之,集体无意识和原型就是我们祖先反复体验的精神模式在我们心灵上的积淀物,而这种积淀物不属于任何一个人,而属于全人类,因此它是非个人的,它最具有普遍性,"它唤起一种比我们自己的声音更强的声音。一个用原始意象说话的人,是在同时用千万个人的声音说话。他吸引、压倒并且与此同时提升了他正在寻找表现的观念,使这些观念超出了偶然的暂时的意义,进入永恒的王国。"②但是,集体无意识或者原型不能被认为是一种自在的实体,它仅仅是人的一种潜能,在正常的情况下并没有显示出要变成意识的倾向,必须在某个特殊的时刻,集体无意识才可能被激活,原型情境才可能发生。荣格认为,像神话中一再出现的"母题",艺术作品中一再出现的意象,以及离奇古怪的梦境等,往往就是集体无意识和原型的呈现。然而荣格无法通过实验的方法来证实自己的假设,于是他转而从考古学、人类学、神话学中去寻找证据。他曾举例说:"早在人类社会发轫之初,人们就一直竭力要给他所获得的朦胧暗示以一种清楚的形式,我们不难发现这一努力留下的痕迹。即使在罗得西亚旧石器时代的岩石画中,在最令人惊叹不已的栩栩如生的动物画旁边,也出现了抽象的图案——圆圈中一个双十字。这一图案在每一文化区域中都或多或少地出现过。今天我们不但在基督教教堂内,而且在西藏的寺院中都能发现这一图案。这就是所谓的'太阳轮'。而既然它出现在还没有任何人想到把轮子作为一种

---

① 荣格:《心理学与文学》,三联书店1987年版,第121页。
② 同上书,第122页。

机械装置的时候,它也就不可能来源于任何与外部世界有关的经验。这无疑是一种象征,它代表一种心理事件,代表一种对于内在世界的体验,而且无疑与著名的犀牛和食虱鸟画一样,是一种栩栩如生的再现。"[1]代表一种原型。

集体无意识和原型是荣格的独特发现,它像一根红线贯穿于他的全部学说中。荣格对审美体验和文学艺术的看法很自然地也根源于他的这一独特的理论中。

在荣格看来,集体无意识和原型是无意识的深层结构,它是人的生命之流赖以奔腾起来的河床,是人的灵魂的"家"。一个人的精神生活如果仅有表层的意识和个人无意识的活跃,而追寻不到集体无意识和原型,那么人的精神就要陷入无家可归的困境。因为意识和个人无意识只是不断地让人去对付种种个人的非典型的情境,驱使人进入残酷的生存斗争的战场,这样人的精神就必然永远处于疲劳不堪、毫无自由的紧张状态,伴随而来的也是人的心理的严重失衡。就是科学也没有给人带来自由与舒展。相反,科学对作为原型表现的神话,采取敌视态度,从而断绝了现代人追寻精神故园(集体无意识、原始意象、原型)的路,给现代人带来了精神危机,使现代人无家可归。荣格断言:"科学甚至于已经把内心生活的避难所都摧毁了。昔日是个避风港的地方,如今已成为恐怖之乡了。"实际上,荣格是把人们对美和艺术的追寻,对精神自由的追寻与对集体无意识、原型的追寻联系起来了。在荣格的心目中,集体无意识、原型是人类的精神

---

[1] 荣格:《心理学与文学》,三联书店1987年版,第136页。

故园,追寻到它,也就追寻到美和自由,也就回到了灵魂的"家",所以他强调说:"一旦原型的情境发生,我们会突然获得一种不寻常的轻松感,仿佛被一种强大的力量运载或超度。在这一瞬间,我们不再是个人,而是整个族类,全人类的声音一齐在我们心中回响。"[1]不难看出,原型情境发生时的情感体验,也就是审美体验。换句话说,人的审美体验有赖于人是否能够激活集体无意识,唤起对祖先留给我们的心理残迹(即原型)的记忆。这就是荣格对审美体验的基本看法。

在中国丰富的美学思想库藏中,难以找到与荣格的原型说相对应的理论。但对原型情境发生,使人的精神返回故园,而获得愉悦的情形,却可以找到许多具体的例证。例如,陶渊明在隐居中写了《读山海经十三首》,吟咏远古的神话,在第一首中他写道:"泛览周王传,流观山海图。俯仰终宇宙,不乐复何如。"这里所说的"周王传"即《穆天子传》,内记周穆王驾八骏西征故事,多为中国古代神话传说。"山海图"即《山海经》,其中也多记载古代神话传说和海内外山川异物。陶渊明说,读此两书,在俯仰之间,即可终穷宇宙之事,岂不快乐之至!然而,为什么读这些看似荒诞的神话传说,就可终穷宇宙之事,就会快乐之至呢?用荣格的原型论来考察,我们对陶诗就可获得新的理解。原来《穆天子传》和《山海经》所记神话、传说,多少呈现了我们种族的原型,其中原始意象积淀了我们祖先无数次欢乐与悲哀,其中含着人类命运和远古世界的残迹和秘密。西王母、黄帝、三青鸟、三危山、三珠树、员丘山、赤泉、夸父、精卫、刑天、共工和鲧,等等,

---

[1] 荣格:《心理学与文学》,三联书店1987年版,第121页。

都是一个个路标,引导人们返回绚丽多彩的精神的故园。陶渊明在"泛览"、"流观"中,其精神沉入到了集体无意识的深层,他仿佛返回到了那既熟悉又陌生的人类童年,返回到生命的最深的源泉。"羁鸟恋旧林,池鱼思故渊",他从尘世的樊笼里,返归灵魂的"家",能不快乐之至吗!此外从屈原和李白的诗篇中,我们可以看到,诗人在现实生活中遭受挫折后,总是在幻觉、梦想以及远古的神话传说中寻求片刻的安慰、解脱和精神的升华,其原因也是幻觉、梦想和神话传说隐含着古老的沉淀物——原型。

荣格对文学艺术的看法也同样是建立在他的集体无意识和原型理论的基础上。在他看来,文学艺术并不是作家艺术家创造出来的东西,它自身就具有生命,它是由人类祖先预先埋藏在作家、艺术家心中的一粒"种子"孕育而成的。种子本身是有生命的,它总要发芽开花和结果,作家、艺术家个人不过是这粒种子赖以生长的土壤,时代环境也不过是某种必要的气候条件。文学艺术是集体无意识的象征,是原型的表现。文学艺术具有超越个人的性质。荣格认为:"作品中个人的东西越多,也就越不成其为艺术。艺术作品的本质在于它超越了个人生活领域而以艺术家的心灵向全人类的心灵说话。个人色彩在艺术中是一种局限甚至是一种罪孽。"① 就作家、艺术家个人而言,他当然有个人的命运,个人的喜怒哀乐,个人的意志和个人的目的,但他作为作家、艺术家是"更高意义上的人即'集体的人'",因为他是人类集体无意识和原型的负荷者。他是一个工具,一个"俘

---

① 荣格:《心理学与文学》,三联书店1987年版,第140页。

房",处处都要听从集体无意识的"命令"。因此,"不是歌德创造了《浮士德》,而是《浮士德》创造了歌德"①。荣格认为,作家、艺术家的创作过程是完全被动的、非自觉的。在创作过程中,作家、艺术家的生命受集体无意识的支配,意识到的自我被一股内心的潜流所席卷,在作家、艺术家心中滚动的是一种异己的力量,你不愿看到的东西,自动从笔下自然流出,你希望写出的东西,却消失得无影无踪。或者如荣格自己所说:"诗人们深信自己是在绝对自由中进行创造,其实不过是一种幻想:他想象他是在游泳,但实际上却是一股看不见的暗流在把他卷走。"②

当然,荣格也看到,作品可以分成两种模式,第一种是心理模式。心理模式作品的素材来自人的意识领域,如人生的教训、情感的震惊、激情的体验以及人类命运的危机,等等,作家、艺术家在心理上同化了这些素材,并把它从普通的形态提高到诗意体验的水平来加以表现。这样心理模式的作品就容易为人们所理解。第二种是幻觉模式。这种模式的素材已不再为人所熟悉。荣格认为:"这是来自人类心灵深处的某种陌生的东西,它仿佛来自人类史前时代的深渊,又仿佛来自光明与黑暗对照的超人的世界。这是一种超越了人类理解力的原始经验,对于它,人类由于自己本身的软弱可以轻而易举地缴械投降。"③毫无疑问,荣格更推崇第二种模式的作品,因为在他看来,幻觉不是外来的、次要的东西,它所显现的正是集体无意识和原型,

---

① 荣格:《心理学与文学》,三联书店1987年版,第142页。
② 同上书,第113页。
③ 同上书,第128—129页。

它帮助人们面对人类童年曾经面对的另一片美丽而广阔的天地,帮助人们返回日夜寻找的灵魂的"家"。尽管上述两种类型的作品是如此不同,然而荣格认为两种类型的作者都必须服从"无意识命令",所不同的是前一类型的作者是在命令开始发出"就给以默认的人",而后一类型的作者则是在命令发出后"出其不意地被俘获的人"。

由于集体无意识和原型活在每一个人的灵魂里,某种原型情境就往往在同时代或不同时代的许多作家、艺术家身上不断地重复地发生,这样在历史上就会神不知鬼不觉地出现许多"母题"类同的作品。例如人神交合的原型不但在西方的艺术上多次被表现,就是在中国诗歌史上也重复出现表现这同一原型的诗篇,屈原的《离骚》有"求女"一段,其中写道:"朝吾将济于白水兮,登阆风而继马。忽反顾以流涕兮,哀高丘之无女。溘吾游此春宫兮,折琼枝以继佩。及荣华之未落兮,相下女之可诒。"这里所说的"下女"是指的神女宓妃、简狄、有虞、二姚等。诗人准备一一加以追求。这可以说是中国诗歌史上"人神交合"原型的开篇。其后宋玉的《高唐赋》《神女赋》,也曲折地写人与神之交合。再往后,人神交合的原型先后又在应玚、杨修、王粲、陈琳4人的同名诗篇《神女赋》中出现。在曹植的《洛神赋》中,这个原型再次顽强地表现出来。这就是说,人神交合的原型作为集体无意识,作为人类共同的遗传物,根深蒂固地存在于人的灵魂中,是屈原、宋玉、应玚、杨修、王粲、陈琳、曹植一次次促成它的诞生,传达了先民的心理残迹,让人们去重温既陌生又熟悉的人类童年。

荣格把人理解为人类自身全部积淀的成果,发现了人类集体深层潜意识的不可忽视的作用。这一思想无疑有深刻的一面。它使人们从中获得对人生和世界的新认识。但荣格理论的弱点也是明显的,尽管他认为审美体验和文学艺术是时代的精神补偿,着意想把美、艺术与时代联系起来,但他否定美和艺术是时代的产物,否定美和艺术是现实的反映,甚至否定人的意识在审美体验和艺术创造中的自觉作用,这样他就偏离了常识,而堕入非理性的迷雾中。

(原载《文史知识》1989年10期)

审美中的苦难与甘美
——谈审悲快感

在现实生活中,人们像躲避瘟疫一样躲避苦难,因为生活的苦难只能给人带来悲惨的呼号和痛苦的呻吟。然而,当我们翻开古今中外的文学艺术史,却惊异地发现,作家、艺术家们却更热衷于写人生的苦难,而读者也往往更喜欢观赏、阅读令人辛酸掉泪的悲剧。对此,生活于四至五世纪的西方古代基督教的著名思想家圣·奥古斯丁在《忏悔录》里就困惑不解地问道:"没有谁愿意遭受苦难,但为什么人们又喜欢观看悲惨的场面呢?"似乎是专为回答圣·奥古斯丁所提的问题,在过了二三百年之后,我国的韩愈说道:"夫和平之音淡薄,而愁思之声要妙;欢愉之辞难工,而穷苦之言易好也。"①但是,为什么"愁思之声"胜过"和平之音"、"穷苦之言"超过"欢愉之辞"呢?自视很高的韩愈也没有说出一个所以然来。实际上这就是后来美学

---

① 韩愈:《荆潭唱和集序》

上反复讨论的审悲快感问题,即在审美观照中,何以人生的苦难竟能转化为审美的愉悦？这里需要说明的是,我们所理解的审美,是对一切审美的范畴的观照。"审美"的"美",不仅是指"美好",而且也包括丑、崇高、卑下、悲、喜等。因此,"审美"既包括审美(美好),也包括审丑、审崇高、审卑下、审悲、审喜。尽管上述关系有明显区别,但它们仍是同一类型,即当我们喜爱美、憎恶丑、嘲笑喜、怜悯悲时,我们都是从情感上评价不同的对象,而且都是从美的理想的照耀下来评价它们。这样看来,审悲快感是审美体验之一种,而且是很重要的一种。审悲的涵义又有狭义和广义之分。就狭义说,审悲是指对悲剧的观照；就广义说,审悲是指对人生的各种各样的苦难的描写与评判,包括了对别离、失恋、离异、灾祸、战乱、死亡、孤立、忧郁、悲愁、怨愤等一切引起痛感的富于悲剧意味的现象的描写与评判。本文所取的是广义的审悲。

那么,为什么对别离、失恋、离异、灾祸、战乱、死亡、孤立、忧郁、悲愁、怨愤这一切引起人们的痛感的对象的审美观照和艺术描写,会引起快感呢？千百年来,人们对这个问题作出了各种各样的回答。常见的一种是"性恶理论"。这种理论认为,人的本性是残忍凶恶的。人们热衷于看处决犯人,看角斗士表演,看斗牛,围观流血场面,阅读飞机失事及火车相撞的新闻,都根源于人的这种本性,因此,文学艺术作品中的悲惨场面、忧伤情境之所以能引起人的快感,乃是根植于人的这种幸灾乐祸的野蛮本性。另一种常见的理论恰好与此相反,他们认为人的本性是善的,人最富于同情心。人在观看苦难中获得快感,正是因为他们同情受苦受难的人。因此,同情这种伟大的感情是观照苦难而能引起快感的根源。上述两种理论观点不同,但它们都不能揭示审悲快感形成的原因,因为第一,它们都把现实中的苦难和艺术中的苦难混为一谈,把现实世界和艺术世界等同起来,在无法区分审美与非审美的不同性质的情况下,想要阐明审美观照中苦难所引起的快感是不可能的;第二,它们都未能抓住审悲快感的独特性,所以无法追寻到审悲快感的真正成因。

艺术创作与欣赏中的审悲快感,可以从以下两个层面来说明:

(一)艺术创作和欣赏中的审美快感是作为艺术活动而存在的。

艺术活动中对苦难的描写与观照,与现实生活中发生的苦难是不能等同的。在现实生活中,如果你失恋了,或失去了亲人与朋友,或遇到了车祸,或陷入了忧愁困境,或者你目睹了别人遭遇到这一切,而你又是一个正常的人的话,那么,除哀伤的哭泣和痛苦的呻吟之外,是不会有丝毫的欣喜愉悦之情的。因为当你遭遇到那一切不幸的时刻,你的全部注意力都被苦难本身所吸引,伴随着你的痛感的是你如何手忙脚乱地处理后事,如何反反复复地考虑着自己的损失,如何忧心忡忡地瞻望因灾难而变得黯淡的未来。你满心是利害得失的盘算,你想超脱这一切却是不可能的。但是,在艺术活动中,对苦难灾祸的描写与欣赏,则是拉开距离的超越功利的观照。这样的"审悲",也就是把人生的苦难和灾祸通过艺术这支弓箭,射到某种距离以外去看,这时候,哀伤的哭泣、痛苦的呻吟变成了五彩斑斓的意象,使人在瞬间离开现实的重压而升腾于幻境。实际上,任何一种灾难,要是能置身事外而远观之,就往往给人愉快的印象,它的生动令人倾心,可又不会伤害观赏者的身心。就如同我们在电视里观看火山爆发,那景象的美丽简直让人心驰神往。美国著名美学家乔治·桑塔耶纳说:"世间无论多么可怕的境遇,都没有不能暂时放开怀抱在审美观照中求得慰藉的。这样,悲哀本身就变成并非全然是痛苦了;我们的回味给它添上一种甜美。最悲惨的情景在审美中也可以失其苦味。"[1]回忆是拉开距离的一种必不可少的方法。回忆就意味着把苦难变成一种往事,从而在时间、空间上形成距离。列夫·托尔斯泰在《艺术论》一书中强调艺术家对感情的"再度体验"就是强调回忆的作用。一个男孩子在遇到狼的那一刻,他只能处在惊恐之中,无暇顾及其他。但是当事过之后,这个男孩子回忆他遇到狼时的情景,将遇狼的经过绘声绘色地叙述出来,那么这种再度体验过的感情,就是审美观照,就是艺术。中国古典诗词中,所有的"愁思之声"和"穷苦之言",所有以"审悲"为其特色的篇章,都是通过深沉的回忆形成了距离,从而蒸馏成艺术,化痛感为美感。例如杜甫的《自京赴奉先县咏怀五百字》中写道:"彤庭所分帛,本自寒女出。鞭挞其夫家,聚敛贡城阙……朱门酒肉臭,路有冻死骨。荣枯咫尺异,惆怅难再述。"这里所写的悲惨情景,是诗人于天宝十四年(755)十一月由长安往奉先途经骊山所见所感。可以想象,就杜甫在路上见到这一切时,只有痛苦感、愤怒感控制着他。只有当他回到了家里,路上的所见所感已变成了一种深沉的回忆,悲惨的情景被时间、空间拉开了一定的距离之后,他才能从中体味出并非全是痛苦感、愤怒感的另一种美感,他才能从容地将其熔铸为诗。再如李白的《战城南》中写道:"烽火燃不

---

[1] 乔治·桑塔耶纳:《美感》,中国社会科学出版社1982年版,第150页。

息,征战无已时。野战格斗死,败马号鸣向天悲。鸟鸢啄人肠,衔飞上挂枯树枝。士卒涂草莽,将军空尔为。"可以设想,当李白真的身处战场,亲眼看见这一切惨状的那一刻,他除了愤怒、痛苦、恶心之外,绝不可能再有什么别的感受。只有当他把这一切变成了一种刻骨铭心的记忆之后,悲惨的场面才被置于身外,这才有可能发现那景象的生动以及隐含的壮美。所有优秀的"悼亡"诗,都不可能在亲人死亡那一刻马上写出来。"谁在这个当儿去发挥诗才,谁就会倒霉!只有当剧烈的痛苦已经过去,感受的极端灵敏程度有所下降,灾祸已经远离,只有到这个时候当事人才能够回想他失去的幸福,才能够估量他蒙受的损失,记忆才和想象结合起来,去回味和放大过去的甜蜜的时光。也只有到这个时候他才能控制自己,才能作出好文章。"[1]这就说明回忆是生成"距离感"的一种重要艺术力量。苦难经过回忆这个中介就有可能转化为快感。这是审悲快感形成的一个原因。

在审悲体验中,形式化则是造成"距离感"并促成痛感转化为快感的又一原因。审悲快感一般都体现在艺术创作中。苦难是悲哀的,但艺术创作中所运用的艺术形式用愉悦之情与之对抗,并进而征服它。这样,在审悲观照中痛感就转化为快感。在审悲中没有形式化是不可想象的。一出悲剧,譬如《红楼梦》,要是除去了它的富于表现力的文字、无懈可击的结构等一切表现形式的魅力,把这悲剧化为单纯的事实,用报导性的语言讲出来,那么《红楼梦》悲剧的全部的美也就失去了,剩下的只是一些勾心斗角、争风吃醋的人类的愚蠢行为

---

[1] 《狄德罗美学论文选》,人民文学出版社 1984 年版,第 305 页。

而已,它至多只能引起我们某种好奇心,但要我们去欣赏它却是万万做不到了。乔治·桑塔耶纳说:在艺术中,"表现的愉快和题材的恐怖混合起来,其结果是:题材的真实使我们悲哀,但是传达的媒介却使我们喜悦。一悲一喜的混合,构成了哀情之别有风味和刻骨凄怆"①。例如李清照的《点绛唇》:"寂寞深闺,柔肠一寸愁千缕。惜春春去,几点催花雨。倚遍阑干,只是无情绪。人何处?连天芳草,望断归来路。"这首词写的是闺怨和伤别,是典型的"愁思之声",词的内容简直就可用"愁情沉重"4个字来概括。但我们读着它难道仅仅得到一种"愁情沉重"的感受吗?的确,词中之愁引起我们的共鸣,我们仿佛也有一种孤独寂寞和愁情满怀之感,但同时我们又感受到一股行云流水般的悠然神韵,一种动人心魄的委婉情致,一种清新喜人的气息,一种撩拨人心的不可言喻的美。实际上,这种与愁情相对抗的感情来自词的表现形式。无论是"柔肠一寸"与"愁千缕"的用语所构成的不成比例的对比,"惜春春去"的矛盾写法,还是"连天芳草,望断归来路"的美丽如画而又深邃迷茫的场景,都作为形式的力量征服了作为内容的"愁"。结果词里的"愁",不再是单纯的愁,而是与愉快、魅力相混合的愁,一种别具风味的愁。或者说"愁"经艺术形式的过滤已变成一种可供欣赏的美。

(二)艺术创作与欣赏中的审美快感既是作为一般的艺术活动而存在,又是作为特殊的艺术活动而存在。

作为一种特殊的审悲艺术活动,人生苦难的描写与观照所引起

---

① 乔治·桑塔耶纳:《美感》,中国社会科学出版社1982年版,第150页。

的感情反应是独特的。这一点正如亚里士多德在《诗学》中所指出的：悲剧的独特性在于"借激起怜悯和恐惧来达到这些情绪的净化"。的确，人生苦难的描写往往引起人们的怜悯和恐惧，这正是审悲区别于审美、审喜、审丑等的特殊性。而怜悯和恐惧都不是单一感情，而是混和感情。在描写柔弱的对象遇到不幸、灾难时，很自然地会引起我们的怜悯。当这种怜悯感涌上我们心头之际，我们的感情可能经过这样的变化：首先，我们会觉得对象的柔弱、娇嫩、无依无靠，又处在困难、不幸与苦难中，这样处于优越地位的我们就会产生一种惋惜感。这种惋惜感基本上是一种痛感。其次，伴随惋惜感而产生的则是同情与爱。因为我们在惋惜的感情反应中，又觉得对象有几分秀美。"秀美的东西往往是娇小、柔弱、温顺的，总有一点女性的因素在其中。它是不会反抗的，似乎总是表现爱与欢乐"（朱光潜语），这就很自然地唤起我们的同情与爱。我们对一个柔弱而又处于苦难中的对象由惋惜而转化为同情与爱的过程，也正是由痛感到快感的过程。让我们来读一读温庭筠的《望江南》（其二）："梳洗罢，独倚望江楼。过尽千帆皆不是，斜晖脉脉水悠悠。肠断白苹洲。"这是一首表现女子离愁的词。读这首词，我们的感情经历了转换。首先，我们为这位登楼远望、盼情人归的女子感到惋惜，那眼前飘过的千帆，那标示时间流逝的斜晖，那令人失望的流水，都暗示出那女子又白白地在这里望了一天，她的感情又空抛了，她的希望又黯淡了。而她是那么弱小，她的感情是那样真挚，这怎么能不让人痛惜呢？然而这种痛惜之情立刻转换成爱与同情。因为这个倚在望江楼上目送千帆远去的女子，给我们的印象又是娇美、弱小、温顺的，这怎么能不让人爱怜呢？

痛惜之情转换成爱怜之情,痛感就这样转换成快感。

在描写崇高、伟大的对象遇到毁灭之时,很自然地会引起我们的恐怖。而当这种恐怖之情涌上我们的心头之际,我们的感情经历了一种提升:首先我们仿佛经历了一场大地震,面对巨大的危险我们不能不感到惊慌,然后那令人畏惧的力量却将我们提升到一个新的高度,在那里,我们体会到普通的实际生活中难以体会到的振奋、鼓舞人心的活力,我们会发出由衷的惊奇与赞叹。霎时,似乎我们自己也变得高大起来。英国美学家李斯托威尔说:在观赏有价值的东西被毁灭的悲剧时,先是恐惧、痛苦,但随后我们会"把我们自己提高到这些特殊人物的水平","哪怕只是一会儿,我们都有一种自然的普遍的满足。这时,我们懂得了作为一个最充分的意义上的人是怎么一回事。此外,我们看到了一种比苦难还要坚强得多的灵魂,看到一种没有东西可以摧毁的勇气,从而振作起我们自己的精神"[①]。例如古希腊悲剧诗人埃斯库罗斯所创作的悲剧《被缚的普罗米修斯》,描写英雄普罗米修斯把天上的火种偷来送给人类,并给人类带来智慧与科学。为此天神宙斯惩罚他,把他钉在悬崖之上,让恶鹰每天都来啄吃他的肝脏,但他决不屈服。阅读或观看这个悲剧,我们为普罗米修斯所受到的刑罚而毛骨悚然,但随后我们又为普罗米修斯这位世间"最高尚的圣者和殉道者"(马克思语)的伟大精神所感动,我们受到了极大的振奋与鼓舞。由于"移情"作用,一瞬之间,我们自己也仿佛变成

---

① 李斯托威尔:《近代美学史述评》,上海译文出版社1980年版,第222页。

了被钉在悬崖上的普罗米修斯,我们也被提升到了英雄人物的水平。于是由恐惧转成赞叹,由赞叹转成震撼,而审悲痛感也就转化为审美快感。

值得注意的是,在审悲活动中,由痛感向快感的转变不但在情感的层面上实现,而且也在理智的层面上实现。同人的认识活动一样,在审美活动中获得真理也是一种快慰。这种快慰与情感的愉悦不同,是形而上的快慰。而对苦难的描写往往更能给人提供这种快慰。因为我们的天性对真理是深感兴趣的。因此,描写苦难的作品总是以最强的刺激启迪我们,它具有像磁铁一样的吸引力,使我们的注意力、思考力不能不转向它。"不论真情显得多么不快,我们还是渴望知道它,也许一半是因为经验对我们证明这种求知的勇气是明达之举,而主要是因为自觉无知和畏惧比任何可能的骇人的发现还要令人苦恼。一种原始的本能驱使我们转过眼睛正视一切在我们视野的朦胧边界上出现的东西——这东西愈是骇人可怕,我们就愈迅速地审视它"[①]。例如《红楼梦》所展示的悲剧,不但给我们以情感上的满足,而且那"一把辛酸泪"中的无穷的意蕴,那"树倒猢狲散"后面所隐藏的真理,总吸引我们去探寻,去钻研,并从这探寻、钻研中获得理性的慰藉。

审悲活动给人的情感和理智的快慰,从根本上说,就是使人的生命力充分地活跃。人的身体需要在运动中保持活力,人的心灵也需要在不受阻碍的活动中得到滋养。别离、失恋、战乱、灾祸、孤立、忧

[①] 乔治·桑塔耶纳:《美感》,中国社会科学出版社1982年版,第156页。

郁、怨恨,等等,诚然使人痛苦,但单调的、枯燥的、没有激情的生活却更令人痛苦。在审悲活动中,我们可能会悲伤地哭泣,甚至痛苦地呼号,但它却能让我们的生命能量畅然一泄,而使我们快乐地享受生命的自由与甜美。

(原载《文史知识》1989年11期)

陋劣之中有至好

——谈审丑快感

人们不难发现,在艺术创作中,丑成了一个重要的描写对象。病态的、畸形的、贫弱的、不和谐的、丑陋的、卑劣的等各种各样的丑都进入到作家、艺术家的艺术视野中。照理,丑的东西只能使人厌恶,何以某些丑的东西进入艺术作品,倒给人们带来美感呢?"嘴甜心苦,两面三刀,上头一脸笑,脚下使绊子,明是一盆火,暗是一把刀"的王熙凤。其卑污的灵魂难道不让人恨得咬牙切齿吗?为什么读者在手捧《红楼梦》之际,又会产生"骂凤姐,恨凤姐,不见凤姐想凤姐"的心理呢?或者说生活丑怎么会变成艺术美呢?这实际上是一个审丑快感问题。

艺术作品中的丑是通过艺术形象显现出来的,而艺术形象必然包含内容与形式两个方面。丑的形象作为内容是对生活中具有否定意义的事物的反映,作为形式是对色彩、线条、节奏、语言等的结构安排。因此,我们对审丑快感的考察也就可以从内容与形式及其关系来展开。

那么,丑作为一种艺术内容是怎样引起我们的快感的呢?这可以从以下三点加以说明:

第一,丑是一种背景,用来衬托美的丽质。无论在生活中还是在艺术中,美的东西都不是孤立地存在。美的东西总是同丑的东西相比较而存在、相斗争而发展的。心理学的实验证明,对比效应是人感知事物的一大特征。高个子在矮个子旁边显得更高;白色在黑色包围中显得更白;健美置身于病态旁显得更健美;崇高与卑劣相比较显得更崇高;美与丑相对照显得更美。早在我国汉代,刘安主持编撰的《淮南子·说山训》中就讲过:"求美则不得美,不求美则美矣。求丑则不得丑,不求丑则有丑矣。"意思是说,美与丑是对立中的存在,两者是相反相成的。离开丑孤立地去求美,得不到美;相反,若能把丑置于美之旁,那么美就在对比中显露出来了。晋代葛洪也在《抱朴子》一书中说:"不睹琼琨之熠烁,则不觉瓦砾之可贱;不规虎豹之或蔚,则不知犬羊之质漫。"并进一步说:"锐锋产乎钝石,明火炽乎暗木,贵珠出乎贱蚌,美玉出乎丑璞。"看不见美玉的光辉闪烁,就感觉不到瓦砾的低贱;看不见虎豹的文采,就感觉不到犬羊的丑陋;"锐"、"明"、"贵"出乎"钝"、"暗"、"贱",而美则出乎丑。葛洪的意思也是说美与丑相比较而存在。他所说的"美玉出乎丑璞",并非指美直接来源于丑,而是说丑乃是美的一个背景和条件。在这个问题上讲得最透彻的是法国作家雨果。他说:"根据我们的意见,滑稽丑怪作为崇高优美的配角和对照,要算是大自然给予艺术的最丰富的源泉。""古代庄严地散布在一切之上的普遍的美,不无单调之感;同样的印象老是重复,时间一久也会使人生厌。崇高与崇高很难产生对照,人们需要任何东西都要有所变化,以便能够休息一下,甚至对美也是如此。相反,滑稽丑怪却似乎是一段憩息的时间,一种比较的对象,一个出发点,从这里我们带着一种更新鲜更敏锐的感受朝着美而上升。鲵鱼衬托出水仙;地底的小神使天仙显得更美。"①雨果在这里把"丑怪"当作艺术的要素,并不是没有道理的。因为典型美诚然光彩夺目,但如果把美之外的一切都摒弃的话,那么时间一长,就像已经秩序化的事物所常有的情形一样,到后来就变得单调、浅薄、陈腐了。所以雨果提出了一个美丑对照的诗学原则,那就是"丑就在美的旁边,畸形靠近着优美,丑怪藏在崇高的背后,美与丑并存,光明与黑暗相共"。②

在我国的古代诗歌中,把丑作为一种背景,用以衬托美的写法,是屡见不鲜的。如刘禹锡的"沉舟侧畔千帆过,病树前头万木春",以"沉舟"的死静来衬托"千帆"竞发的生动,以"病树"的病态来衬托"万木"争春的壮美。生动因有死静相与共而显得更生动,壮美因有病态相陪伴而显得更壮美。这就是说,丑还是丑,但丑作为陪衬而成为美的条件,成为美的一个源泉。这也就是艺术家在自己的作品中把阴影掺入光明,把滑稽丑怪置于优美崇高之旁的一个重要原因。

第二,丑往往比美更能揭示内在的真实,更能激发深刻的美感。这就是说,在艺术创作中,丑不仅以陪衬的地位进入作品,而且也从

---

① 《雨果论文学》,上海译文出版社1980年版,第30页。
② 同上书,第35页。

自身获取审美价值并以主体的地位进入作品。丑和美是根据同样的理由进入艺术领域的。一般地说,美,特别是浅层的美,如鲜艳的色彩,动听的音乐,以及其他谐美的样式,都过多地炫耀其外部,没有余力去表现其内部。这样,当面对这些"美"时,我们的心理器官就会在感觉不到其内部的本质的情况下而过分顺利地移动。尽管我们也感到了愉快,但却缺少那种窥视到事物底蕴的深刻的愉快。相反,丑的对象,其外在的形态对审美感官具有阻拒性,它不会顺利地给人们带来快感。但它却具有一种吸引力(假如在一个风景如画的处所发生车祸,大家都会把美景置于一旁,而去围观那鲜血横流的场景),而且促使人们从对象的外在表象中解脱出来,而去关注与追寻对象内部的真实和蕴含的意味,这样,丑的对象就给人带来一种更深刻的、更震撼人心的美感。而艺术家也就利用"丑"这个特性,用以表现人们的内心世界里最深邃的东西。

中国古代画家中,有不少人画石,而且差不多都是画丑石,这是什么道理?清代郑板桥回答了这个问题,他认为:"米元章论石,曰瘦,曰绉,曰漏,曰透,可谓尽石之妙矣。东坡又曰'石文而丑',一丑字则石之千态万状,皆从此出。彼元章但知好之为好,而不知陋劣之中有至好也。东坡胸次,其造化之炉冶乎!燮画此石,丑石也,丑而雄,丑而秀。"① 这就是说,石虽丑,不能像山水花鸟那样娱人之目,可它吸引人去揣摩、去探求,并从中发现"至好"、发现"雄"与"秀"之美。这里所说的"至好"、"雄"、"秀",都不是石之外在形象,而是石之内在

---

① 《郑板桥集》,中华书局1962年版,第170页

的神韵与意味,是更深层的东西。

法国著名雕塑家罗丹有一件《欧米哀尔》的雕塑,所表现的是一个年过色衰的老妓女。面容的憔悴,肌肉的萎缩,皮肤的皱纹,表情的悲哀,都令人感到是一位再丑不过的女人。然而这件雕塑却比无数美女的雕塑更成功。有的评论家在《欧米哀尔》面前惊呼:"啊,丑得如此精美!"实际上,罗丹的这件雕塑吸引人之处,是超越外在形态的更加深刻的美学意义:罪恶的社会把一个人的美好的青春和幸福给毁灭了。正是这种内在蕴含使《欧米哀尔》显得精美,并给人带来了心灵的震动和深刻的美感。罗丹创造了这样一件艺术品,并不是偶然的,这与他的美学思想密切相关。他曾说过:"自然中认为丑的,往往要比那认为美的更显露出它的'性格',因为内在真实在愁苦的病容上,在皱蹙秽恶的瘦脸上,在各种畸形与残缺上,比在正常健全的相貌上更加明显的呈现出来。既然只有'性格'的力量才能造成艺术的美,所以常有这样的事:在自然中越是丑的,在艺术中越是美。"①正是罗丹揭示的这一美学原则,使不少艺术家在艺术创作中回避美,而选择了丑这种病态的、贫瘠的形态。他们这样做不是为了展览丑,而是期望激起一种持久难忘的、深刻有力的美感。

第三,对丑的揭露、谴责和批判,是令人痛快的。艺术是对客观的反映,同时又是主体的创造。在这种创造中,艺术家的审美理想是一道美的光亮,它可以刺穿丑,使其丑态毕露而被征服。对丑的征服会使人产生胜利感而激起愉悦之情。车尔尼雪夫斯基早就说过:"丑

---

① 《罗丹艺术论》,人民美术出版社1978年版,第26页。

在滑稽中我们是感到不快的;我们所感到愉快的是,我们能够这样洞察一切,从而理解,丑就是丑。既然嘲笑了丑,我们就超过它了。"①这种以美裁判丑从而激起快感的说法,是解释审丑快感的一种最流行最重要的说法。这是因为,"丑的现象本身不会令人高兴。同卑鄙的家伙交往很少有愉快可言。但是痛斥他却真是一件快事啊!对丑的审美关系——这是对丑的谴责,在美的理想之光照射下使人目眩,让丑的劣迹在美面前原形毕露。由于美的理想主持对丑的裁决,难道这一切不产生特殊的愉快和享受吗?不过,我们只有从美的高度去看待丑,对于它的审美情感才可能产生"②。在《红楼梦》中,王熙凤的所作所为,只能引起我们的厌恶。但对她的心狠手辣、无恶不作的揭露、谴责,却使人无比痛快。在这种情况下,读者欣赏的不是恶人本身,而是欣赏对恶人的揭露和谴责。白居易的《秦中吟·轻肥》中写道:

意气骄满路,鞍马光照尘。借问何为者?人称是内臣。朱绂皆大夫,紫绶悉将军。夸赴军中宴,走马去如云。樽罍溢九酝,水陆罗八珍。果擘洞庭桔,脍切天池鳞。食饱心自若,酒酣气益振。是岁江南旱,衢州人食人!

对于宦官们穷奢极欲、豪华糜烂的生活和丑态,只能使我们感到愤怒

---

① 《车尔尼雪夫斯基论文学》中卷,上海译文出版社1979年版,第97页。
② 列·斯托洛维奇:《审美价值的本质》,中国社会科学出版社1984年版,第231页。

和厌恶,但从诗的字里行间,以及鲜明的对比描写中,透露出作者从正义的立场和美的高度对宦官们的暴露和鞭挞,却使我们满心欢喜。由此可见,艺术创作中以美裁判丑,是审丑快感产生的一个重要原因。

在艺术创作中,丑作为一种内容,离不开一定的艺术形式。因此我们还需从形式与内容关系的角度,来探讨审丑快感产生的原因。

在艺术中,形式不是消极的因素,对内容而言,它是一种征服力量。因此,审丑快感的产生往往是形式征服内容的结果。如果一篇文学作品,所写的是病态的、畸形的、贫弱的、不和谐的、丑陋的、卑劣的对象,那么就单纯内容而言,所引起的是不和谐感、厌恶感或愤怒感。然而,这些内容倘若得到了艺术形式的生动、优美的表现,那么就又会产生和谐的、愉快的审美反应。这样一来就产生了一种厌恶与愉悦相混合的情感,即厌恶中有愉悦,愉悦中有厌恶。在真正的艺术作品中,由于形式的征服力量,形式克服了内容,丑化为美,这两种情感终于融为一体,转化为一种真正的美感。

德国学者鲍姆嘉通在《美学》一书中说过:"丑的事物,单就它本身来说,可以用一种美的方式去想;较美的事物也可以用一种丑的方式去想。"的确,在艺术创作中,我们经常会发现,一个美的对象,由于艺术表现的拙劣,结果只能使读者兴味索然,根本谈不到什么美感;反之,一个丑的对象,由于艺术家用美的方式去想象、去表现,而使读者兴味盎然,情不自禁地叫道:"丑得如此精美!"王熙凤这个人诚然是丑恶的,可曹雪芹却用一种美的方式去想象、去表现,精心地设计她的一言一行,完美地塑造了她的性格,使王熙凤成为一个富于艺术魅力的艺术典型。这也正是读者"骂凤姐,恨凤姐,不见凤姐想凤姐"的原因。又如南唐后主李煜的词,特别是他后期的词,其中有相当一部分是怀念他已失去的皇帝的生活。词中所流露的是他对富丽奢华生活的留恋,仅就内容而言很难说是美的,但这种并不美的内容经他优秀的抒情技巧和形象化艺术语言的表现,就产生了一种很强的艺术魅力,使读者不能不引起共鸣,并激发起美感。例如:

> 帘外雨潺潺,春意阑珊。罗衾不耐五更寒。梦里不知身是客,一晌贪欢。　独自莫凭栏,无限江山,别时容易见时难!流水落花春去也,天上人间!(《浪淘沙》)
> 春花秋月何时了,往事知多少!小楼昨夜又东风,故国不堪回首月明中!　雕栏玉砌应犹在,只是朱颜改。问君能有几多愁!恰似一江春水向东流。(《虞美人》)

词中所写的惨痛的亡国生活,和对昔日宫廷情景的追忆,以及对眼前囚徒境遇的悲叹,对读者而言,并不含有什么特殊的美学意味。从某种意义上说,李煜这个亡国之君的生活是丑的,是令人厌恶的。然而,词本身的节奏、韵律,以及语言的委婉、抒情,形象的真切、鲜明,构成了有力的艺术形式。正是这种艺术形式克服了内容的阴暗、哀伤和沉重,从而唤起了美感。法国著名诗人波德莱尔曾说:"丑恶经过艺术的表现化而为美,带有韵律和节奏的痛苦使精神充满了一种平静的快乐,这是艺术的奇妙的特权之一。"①

为什么丑的对象经艺术形式的表现就会化丑为美,并唤起美感呢？第一,由于形式的有力作用,丑的对象所引起的情绪兴奋(丑恶感)通过艺术幻象得到纯中枢的缓解和阻滞,不表现为外部动作。第二,由于形式的有力作用,使由丑所引起的并蓄积在心中的厌恶感、不快感等在艺术形式的溢洪道中得到舒泄。这种舒泄不但使情感在量上得到了控制,而且在质上也发生了转换,即从厌恶感、不快感转换为快感、美感。

（原载《文史知识》1990年第1期）

---

① 《波德莱尔美学论文选》,人民文学出版社1987年版,第85页。

论审美知觉的基本特征

审美知觉是一种区别于日常知觉的、能够揭示事物的表现性（或审美属性）的特殊知觉。因为它能以诗的方式获得诗的印象，所以它是艺术创作的起点和基础。

中国当代艺术家的作品，尽管在艺术性上有了长足的进步，但总的来说还是太实太死，缺少一种内在的美和抚慰人心的诗情。艺术家还是为自己没有偷到维纳斯的腰带而苦恼。从创作心理的角度看，主要是审美知觉的能力还不够强。因此，重新来认识审美知觉的基本特征并不是没有意义的。

关于审美知觉的基本特征，一直是当代美学研究中的热门话题。通常美学家们用否定性和肯定性这样两方面来描述审美知觉的特征。即说明审美知觉的发生必须排除某种不应有的情况，和必须肯定某种应有的条件。如 H. S. 兰菲尔德认为审美知觉必须有两种否定性特征和三种肯定性特征：排除实用性和占有欲，肯定全神贯注、身心的完全参与、感觉的非现实性。杜威则认为审美知觉只有一种否定性特征和两种肯定性特征：排除欲望，肯定整体性和完美性。M.C.比尔兹利没有提出否定性特征，只提出了四种肯定性特征：注意力、强烈度、凝聚力和完整性[①]。本文不准备重复上述做法，因为审美知觉作为人的一种精神活动是极其复杂和微妙的。对主体来说，审美知觉是两种心理力的激烈反复的冲突斗争过程。因此要揭示审美知觉的特征，远非简单罗列几种否定性和肯定性特征就能做到的。实际上，对审美知觉的心理机制而言，往往是肯定中有否定，否定中有肯定，这里存在着深刻的二律背反运动。本文将从知觉主体复杂的心理冲突的角度来考察审美知觉，以期在更深的层次上来揭示审美知觉的基本特征。

一、非关功利与有关功利的二律背反

康德在《判断力批判》中提出了"美是无一切利害关系的愉快的对象"，同时他把"无利害关系"当成是"鉴赏判断的第一个契机"，指出"鉴赏是凭借完全无利害观念的快感和不快感对某一对象或其他表现方法的一种判断力。"自此之后，西方许多美学家都把"无利害关系"作为一个核心的观念，用以说明审美知觉的基本特征。他们认为审美知觉是一种无私的观照，"画家并不带着渴而思饮的眼光来看一

---

① 参见朱狄《当代西方美学》，人民出版社1984年版，第251页。

池清水,也不带着荒淫好色的眼光来看一个美人。"①一旦带着渴而思饮(即物质需要)的眼光来看一池清水,带着荒淫好色(即生理欲望)的眼光来看一个美人,那么清水和美人的美也就隐蔽不见,主体的知觉也就变成了非审美知觉了。但是这个被许多美学家视为现代美学的重大发现,在另一些美学家看来,不过是似是而非的论调而已。有的人认为,我们只有占有某些对象之后,才能充分地欣赏某种对象,因此无利害关系并不是审美知觉的一种特征(马克斯·德索);有的人认为"欣赏一幅画固然不同于购买它的欲望,但是欣赏总是或者应该是与购买欲有密切关系的,而且应该说是它的预备行为"(乔治·桑塔耶纳);还有的人认为,审美知觉与官能的愉快是不能分割的,而且审美知觉本身就有益于人类,有益于社会,怎么能说审美知觉是无关利益呢(居约)?上述两种完全不同的见解各有各的理由,由此看来审美知觉是有关功利还是无关功利是一个极其复杂的问题。

有的学者已注意到了这一难题,他们提出了一些说法,试图解开这个美学"死结"。

有的学者认为,审美知觉无关功利,不是指知觉效果而言的,而是指知觉过程中的心理状态而言的。就效果而论,审美知觉可以使人的心灵进入一种和谐、宁静、自由的境界,补偿和抚慰精神,使人暂时从尘世的烦闷、苦痛中解脱出来,这是有益于人的身心健康的。而人的身心的安宁在最终也有益于社会,因为全社会成员的安宁正是

---

① 乔治·桑塔耶纳:《美感》,中国社会科学出版社1982年版,第25页。

社会安定的一个条件。由此可见，仅从审美知觉的效果而言，审美知觉不是无关功利的，恰恰相反，它是有很强的功利意义的。然而，从审美知觉主体的心理状态看，在审美知觉的瞬间必须是无功利的。这是因为人的知觉广度是有限的，一般地说，人们不能在同一瞬间既知觉到对象的审美属性，又知觉事物实用属性。而人们在某一瞬间究竟知觉到对象的什么属性，这又和人们在某一瞬间的知觉定势相关。换句话说，我们总是倾向于知觉同我们在那一瞬间里主导的需要、急迫的欲望相吻合的对象的属性。一个因长久的渴而受尽折磨的人，终于找到了一条流水潺潺的、清澈见底的小溪，他必定无心观看、欣赏这小溪及其两岸风景的美，他的第一个动作是立刻跑到溪水旁，捧着清水喝个够。因为这时他的主导知觉定势是要解除渴的折磨，解渴的生理需要被推到突出的地位，并影响和支配他的知觉的选择，其他的需要、欲望、动机、情绪都被推到注意的边缘而受到抑制，暂时不会影响和支配知觉的选择。很明显，上述普通知觉是以人的强烈生理欲求所产生的有关功利的心理状态为其特征的。假如那条小溪是张家界或九寨沟的一个风景点，而上述那个人是专为观看、欣赏这条风景如画的小溪来到这里，那么他在第一眼瞥见这条小溪之时，他必定会忘情地欢呼："这太美了！"因为对他来说，此刻他的主导知觉定势既不是为了满足生理的欲求，也不是为了买下这条小溪，他仅仅是为欣赏小溪的美景，即一种不关实际功利目的的愿望。如果此刻他的目的转向其他实用的方面，那么小溪的美就会立刻消失。所以，就主体在审美知觉那一瞬间的心理状态而言，是无关功利的。

有的学者则进一步指出，审美知觉的非关功利和有关功利具有矛盾二重性。一方面,审美知觉具有不经个人理智活动或逻辑思考的直觉特点,因此审美知觉的确跟实用的、功利的、道德的目的无关。例如,一个人在欣赏梅花之际,他的确不会想到什么社会意义和功利价值。但另一方面,在任何一个人的超功利的审美知觉中,即已不自觉地包含一个阶级一个时代一个民族客观的理智的功利判断,只是这种功利判断不为知觉者本人所觉察而潜移默化地积淀到主体的知觉中去了。或者换句话说,"五官的感觉的形成乃是整个世界历史的产物"(马克思语),在审美知觉中,早已渗入人的功利、欲望,隐匿着人的利害考虑的更为古老的"沉积物"。因此人的审美知觉中不带功利是不可能的。在不少民族那里,布谷鸟的声音是最美的,这是因为布谷鸟的叫声"向劳动者宣告春天的开始——艰难的冬日的结束",这样审美知觉总是历史地受到功利目的制约。斯托洛维奇就持上述观点。

无疑上面两种观点,在一定程度上推进了问题的解决。但离解开"死结"还很远,因为审美知觉是一种流动的并充满复杂的心理力的冲突的过程,对它仅作静态的考察是不能把握其特征的。我以为审美知觉是非关功利还是有关功利,或者是非关功利与有关功利并存,这要把审美知觉放置到原来的流动过程中去考察。

对任何一个人而言,审美知觉总是一瞬间的事情,但在这短暂瞬间里所蕴含的心理活动是极其复杂、曲折和微妙的。波兰著名美学家英加登说:"如果一个审美过程始于纯粹的感觉,那么,这一过程的最有趣的部分、最难于把握的部分就是从对一个实在对象的感觉向审美经验的诸方面的过渡阶段。这是一种从我们日常生活中采取的实际态度,从探究态度向审美态度的转变。"①审美知觉过程中从日常实际态度向审美态度的过渡和转变,虽然是最难于把握的,但恰恰正是这过渡和转变中的心理变化是最有趣的,而且也最能体现审美知觉深层的特征。

那么,当知觉主体从纯粹知觉过渡到审美知觉,或者说从日常实际态度转变为审美态度的那短暂的瞬间,知觉主体的心理处于怎样一种状态,经历了怎样一种变化呢?在这过渡和转变的瞬间,知觉主体处于一个被争夺的临界点上,一方面,审美对象的特质所构成的审美世界召唤着他、像磁铁那样吸引着他,在激动中,使他不能不暂时摆脱受到功利、欲望控制着的经验世界,使他对经验世界产生一种"假遗忘"状态;可另一方面,他所熟悉的、由强大的功利、欲望所构成的经验世界,又挽留着他,像一个情人那样拖拽着他,尽量不使他超越临界点,阻止他顺利地进入审美世界。这就是说在"过渡"和"转变"这一瞬间,知觉主体的心理有两种力在进行反复的较量和斗争,一种是现实世界的欲望、功利的力,一种是审美世界的超欲望、超功利的力。这两种心理力的较量与斗争及其结果,决定着审美知觉能否实现。

巴尔扎克在题为《论艺术家》的论文中曾提出过"第一视觉"和"第二视觉"的概念,他认为,"对那些一心贯注发财、寻乐、经商和掌权的人们",就是面对着最具有审美属性的对象,他们也往往不容易发现美,因为他们只有充满欲望、功利的"第一视觉"。真正能够发现

---

① M.李普曼编《当代美学》,光明日报出版社 1986 年版,第 289 页。

对象的美的是区别于"第一视觉"的、超然于欲望、功利的"第二视觉"。而"第二视觉"的获得是抑制和排除"第一视觉"的结果。无独有偶,法国著名画家马蒂斯也提出"第一只眼睛"与"第二只眼睛"斗争的论点。

马蒂斯说:

你知道只有一只眼睛的人吗?他用这一只眼睛观看和记录每一事物,这只眼睛就像一架拍细照的高级照相机,很灵敏,很小巧。根据照片,一个人能够对自己说:"这次我了解到了事物的真实样子。"他会静一会儿,然后慢慢地,在另一只眼睛中无形地显现的形象就会把主体本身添加到照片上去,从而向他提供了完全不同的另一幅照片。

于是,我们这位先生就不再能清楚地看东西了,在第一只眼睛与第二只眼睛之间开始产生了斗争,战斗是激烈的,最终第二只眼睛占了上风,接管了一切,这就是这场战斗的结束。现在,它控制了局面,这样第二只眼睛就能够独自地继续自己的工作,根据内心幻觉法则去推敲修整它自己的照片。在这儿(指脑袋)就能找到这种很特殊的眼睛。①

这是一位伟大的艺术家以他自身的丰富经验,十分清晰地说明

---

① 杰克德·弗拉姆编《马蒂斯论艺术》,河南美术出版社1987年版,第178—179页。

了普通知觉过渡、转变到审美知觉的过程,并深刻地揭示了审美知觉的心理活动的轨迹,马蒂斯的"第一只眼睛"与"第二只眼睛"的说法与巴尔扎克的"第一视觉"与"第二视觉"的说法是十分相似的。但是马蒂斯的话中所提出来的可供我们思考的有意义问题更多,更深入。譬如我们可以追问:第一,人的第一只眼睛与第二只眼睛是如何形成的?它们有何区别?第二,"在第一只眼睛与第二只眼睛之间开始产生了斗争"意味着什么?第三,为什么在另一只眼睛中所看到的形象之际,人们"就不再能看清东西了"?第四,"第二只眼睛占了上风,接管了一切"这又意味着什么?可以说,对这四个问题的回答,构成了对审美知觉基本特征的提示。下面,就尝试着来解答这四个相互联系的问题。

的确,人类在长期的生存竞争和社会实践中形成了两种眼睛、两种视觉(同样也形成了两个耳朵、两种听觉等)。从人类形成了社会之日起,人受到了来自内外双重力量的夹击。一方面,人仍然是动物之一种,食欲、性欲、求生欲等动物身上所有的生理欲望,人也具有。这种欲望形成了一种内部的压力,使人不断地"屈从"于它、受制于它;另一方面,人作为社会动物,又形成了人类的大团体。人生活在团体中,就又无时无刻不感受到团体的压力。在这种团体的压力下,当个人的行为倾向同团体中无形中形成的大多数成员的行为倾向不相同时,就会不由自主地去迎合团体的行为倾向。当然,人类作为一个团体其内部是分阶级、分阶层的,所形成的压力也多种多样,但重功利则是一种共同特征。这是来自世俗社会的外部的压力。这来自内外两种压力,使人不得不"遵从",从而形成了满足欲望、关切功利的强大的知觉心理定势。正是这种知觉心理定势,创造了人的第一只眼睛,并以第一只眼睛去看周围的世界,在这第一视界内,事物的真实样子总是跟人的欲望、功利相联系,所有的形象都蒙上了一层欲望与功利的灰尘,因此,尽管周围的世界处处都有诗情画意,都有美,人们还是不易知觉到它,并发现它。

与此同时,人在另一种生理的和社会的压力下,又形成了第二只眼睛和第二视界。按日本美学家黑田鹏信的猜测,人天生具有美欲。所谓美欲,就是求美的欲望,它与食欲、色欲,同为人类三欲之一。人所以倾向美和艺术,都根源于此种美欲。他说:"人不仅满足食欲及色欲,而且求肴馔的美观,与美人,其起源也可用美欲来说明。然美欲所生的主要的东西,当然是艺术。为美欲的冲动的,就是艺术冲动。又模仿,表现,装饰三种冲动,也多起源于美欲。"①黑田鹏信的猜测并不是没有道理的。在"文革"的审美饥饿中,人们以无比的耐心在烈日或寒风中排几个小时的队,去买一张朝鲜故事片《卖花姑娘》的票,现在看来其原因之一就是体内的美欲冲动在作怪。为什么人们普遍认为食欲、色欲是人的本能,而不认为美欲是人的本能呢?这是因为食欲、色欲可以为每一个人所感觉到、体验到,而美欲则不易为人所明显地感觉到、体验到。今天,黑田鹏信的美欲论,已为现代生理试验所证实。美国斯坦福大学生物学家高德斯丁以令人信服的试验,证明了人的审美愉悦与人身上一种叫做内啡的内分泌物有关。他在70名大学生身上做了如下的试验:以一种药剂注射到人的

---

① 黑田鹏信:《艺术概论》(丰子恺译),开明书店1947年版,第49—50页。

体内，破坏人体内的内啡的分泌状态，然后再让受试者各自去听自己平日喜欢的音乐，发现这些受试者对自己平日喜欢的音乐已不再喜欢，即不再产生平时听音乐时的审美愉悦。这就证明了，如果抑制人体内产生审美愉悦的特定的生理机制的话，那么音乐对于他也不再是音乐了。这样，高德斯丁的试验实际上证明了黑田鹏信的关于美欲的猜想。人的美欲作为人的潜在的本能又在外部的社会实践中得到巩固和提升。或者说，人在生产劳动、巫术活动、图腾崇拜活动中，促进了审美知觉能力的最后形成。这样，人就有了第二只眼睛，能够按"美的规律"来观照世界的眼睛。

人类的这两种眼睛是如此不同，第一只眼睛顽固地倾向于欲望、功利，以强大的定势建构充满实在经验的第一视界，而第二只眼睛则执着地追求美，以独特的功能建构充满诗情画意的第二视界。在一般人那里，由于总是承受着巨大的社会压力，并形成了世俗化的心理定势，所以第一只眼睛总是处于优先地位。当人们面对一个既具有功利属性又具有审美属性的对象之际，世俗化的心理定势，使人们总是先运用第一只眼睛，把握到对象的可以满足人们欲望和功利的方面。在资本社会，对于那些过着极其贫困的生活、终日被捆绑在机器和土地上的异化了的穷人，和那些过着穷奢极欲生活、终日追逐官能刺激和利禄的被异化的富人，他们的美欲在异化中萎缩，他们的第二只眼睛已处于几乎失明状态，他们已难得转入第二视界。由此我们不难看到，马蒂斯所说的第一只眼睛与第二只眼睛的区别，实际上就是讲受欲望、功利束缚的普通知觉和摆脱欲望、功利的、能够感受到对象的美的审美知觉的区别。因此，普通知觉向审美知觉的过渡转换，就是以第二只眼睛取代第一只眼睛的过程。

那么，人的第一只眼睛（普通知觉）是如何转变为第二只眼睛（审美知觉）的呢？

马蒂斯说，这种转变的实现，有赖于"在第一只眼睛与第二眼睛之间"的"斗争"。如前所述，这两只眼睛的斗争，是两种心理力的冲突。欲望、功利的心理力，支持着人的第一只眼睛。这种倾向于欲望、功利的心理力量，在社会化过程中变得非常强大，马克思说："私有制使我们变得如此愚蠢而片面，以致一个对象，只有当它为我们拥有的时候，就是说，当它对我们说来作为资本而存在，或者它被我们直接占有，被我们吃、喝、穿、住等等的时候，简言之，在它被我们使用的时候，才是我们的……因此，一切肉体的和精神的感觉被这一切感觉的单纯的异化即拥有的感觉所代替。"① 马克思在这里所说的"拥有的感觉"，正是我们反复讲的倾向于欲望、功利的心理力。这种心理力量因其私人性的特点而变得十分顽固。人要从第一只眼睛转向第二只眼睛，或者说从普通知觉过渡到审美知觉，就意味着要跟弥漫于自己心中的这种顽固而强大的力量进行斗争。

理论家们普遍看到了审美知觉所带来的审美快感，但往往未能看到在获得审美快感前的"不快感"。这是因为要从第一只眼睛过渡、转向审美的第二只眼睛，首先必须中断关于周围的物质世界的事物中的正常的、具有强大惯性的活动，限制对以前经验的回忆，压抑本能欲望的诱惑，这不能不是"不快"的、"痛苦"的。让我们举一个最

---

① 马克思：《1844年经济学哲学手稿》，人民出版社2000年版，第85页。

明显的例子。比如一个男子面对年轻的裸体的女子,首先用第一只眼睛去观看时,会产生一种正常、自然的欲望,转而用第二只眼睛去观看时,便会发现女性裸体的圣洁的美,就像雕塑家罗丹所看到的那样:

> 人体,由于它的力、或者由于它的美,可以唤起种种不同的意象。有时像一朵花;体态的婀娜仿佛花茎,乳房和面容的微笑,发丝的辉煌,宛如花萼的吐放;有时像柔软的长青藤,劲健的摇摆的小树……
>
> 有时人体向后弯屈,好像弹簧,又像小爱神爱洛斯射出无形之箭的良弓。
>
> 有时又像一座花瓶。我常叫模特儿向我坐着,臂伸向前方,这样只见背影,上身细,臀部宽,像一个轮廓精美的瓶,蕴藏着未来的生命的壶。①

用此种圣洁而优雅的第二只眼睛来看裸女对一般人来说是困难的。因为要做到这一步,就必须压抑人的正常的、自然的欲望,排除诱惑,就必须克服一切容易产生的邪念,这不能不是一场严重的心理力的冲突。而这种"压抑"、"排除"、"克服"、"冲突",对人而言:首先是一种不快、一种痛苦。而最后的审美愉悦是突出重围后带着眼泪的欢呼,是分娩后带着倦意的微笑,是越过险滩后对平潭的流连,是思乡

---

① 《罗丹论艺术》,人民美术出版社1978年版,第62页。

之痛后游子的回归。从这个意义上说,第二只眼睛接管第一只眼睛所产生的心理力的斗争虽然是一瞬间的事,但其历程是十分曲折的、微妙的。

普通知觉转变为审美知觉的曲折和微妙的特征,特别深刻地体现在第二只眼睛去接管第一只眼睛的那一刹那间出现的"空白"现象,由于出现了"空白",就如马蒂斯所说的知觉主体"不再能清楚地看东西了"。这种奇特现象的产生,乃是由于知觉主体的两种心理力的斗争正处相持、拉锯状态的缘故。倾向于欲望、功利的力顽强地制约着他用第一只眼睛去观照对象,可超越于欲望、功利的力则又尽力敦促着他用第二只眼睛去观照对象,这样知觉主体就在第一只眼睛与第二只眼睛之间晃动、徘徊,他原有的第一视界遭到破坏、可第二视界又还没建立起来,在这种视角不断变化的情况下,人的眼睛就像照相机的焦距没对好,是不可能看清东西的。也可以这样说,当那些试图摆脱实在经验的束缚而实际上又还未摆脱束缚的人来说,他眼前的景物既已离开第一视界,但又未能完全进入第二视界,所以他们眼前是模糊的空白,于是"怎么也看不出来"。明人方孝孺在其《逊志斋集》中记载了这样一件事情:

然余少时尝从诸老生游于市,修衢广巷,一车马往来,鼓吹闹耳,珠玉锦绣之肆交陈乎前,余憧憧而行,不知其所底。及暮而归,失道者数四。至家而思之,凡触乎目者,漠不能记。老生方坐而为人言,所遇马几蹄,车几轮,鼓吹几部,道中人语者歌者为谁,所语何言,所歌何辞,何为道以行,行凡几异,皆识之无所失,余大惊以问。老人曰:"子知之所由忘乎?心之为物,静以明,动则眩。子不见夫鉴乎?妍媸小大毕应者,以其静耳。使人持而摇之,以破瓽何异?"余曰:"敢问吾心何以不静乎?"老人曰:"嘻!子何见之暮也。子见夫车马,得无愿乘之乎?子见乎悦目而娱耳者,得无愿有之乎?人惟无欲,视宝货犹瓦砾也,视车马如草芥也,视鼓吹犹蛙蝉之音也,则心何往而不静?子有欲之之心存,虽欲静而明,得乎?"余闻其言,始骇而悟,退而养吾心三年,果与老人无异。

这是一个很好的例证。它说明了当知觉主体未进入"静"的境界,即有欲之心与无欲之心仍处于争斗的状态,那么他的眼睛既非第一只眼睛,又非第二只眼睛,它不能不是晕眩的、看不清东西的。就像那镜子,本来可以照见一切,但如果不断地摇晃就与破锅无异,不能照见任何事物。方孝孺心中有占有欲,所以他没有形成第二只眼睛,进入第二视界,他的心中只能是一片空白,什么也记不住。只有在他养心三年之后,他的无欲之心力已足够强大,他已经能战胜有欲之心,或者说他的"第二只眼睛占了上风,接管了一切","空白"现象也随之消失,审美知觉得以实现。

通过以上分析,我们可以得到这样的认识:审美知觉作为一个动态过程,不能简单地说是"无关欲望"、"无关功利"的,只能说它从欲望、功利的束缚中通过斗争解放出来,达到无关欲望、功利的境界。有欲是无欲的对立面,但有欲又是无欲超越的条件。甚至可以说,欲望、功利的拖累愈是沉重,对此欲望、功利超越后的审美愉悦也愈是痛快淋漓。这就如同一支陷入重围的军队,处境愈是艰险,那么冲击重围之后的欢快愈是强烈。伟大的艺术家们深知这一审美规律,因此总是给自己的艺术创作设置困难。曹雪芹从充满利害冲突的场景中,去寻找诗情,完成了长篇巨著《红楼梦》;巴尔扎克从充满铜臭的氛围中,去偷维纳斯的腰带,创作了《高老头》;托尔斯泰从充满血腥的战场去发现诗意,写出了《战争与和平》;而罗丹的雕塑《永恒的偶像》,是两个互相依偎得那么紧的男女裸体,但看上去却没有丝毫的淫秽,它被一种优美娴雅的情感所调和,让人产生一种无私的、圣洁的崇拜心理。罗丹说:"苦痛,亲人的死亡,甚至朋友的背叛,也会给予伟大的艺术家(我指画家、雕塑家,同时也指诗人)以一种酸辛的快乐。"①这是深得审美知觉奥秘的警辟之语。是的,审美知觉的极致应是:它深陷功利之中,又超越功利之上,它的基本特征是有关功利与无关功利的二律背反。

二、超越与限制的二律背反

根据马蒂斯的看法,当第二只眼睛控制了局面(即审美知觉得到实现)之后,知觉主体就"根据内心幻觉的法则"进行工作。幻觉也是知觉,但是是知觉的变异。俄国精神病学家维克多·赫利桑佛维奇·康津斯基认为:"幻觉是一种与外界印象并无直接关系,但对于幻觉

---

① 《罗丹论艺术》,人民美术出版社1978年版,第27页。

产生者都具有客观真实性的感觉映象。"①把没有的形象看成有,把没有的声音听成有,是人的一种变态心理的表现。马蒂斯所说,"内心幻觉"是一种审美幻觉。审美幻觉把作为变态心理表现的幻觉升华为一种审美创造和艺术创造,因而审美幻觉实际上是审美知觉的高潮和极致。宋代画家翟院深曾有这样一段故事:

> 翟院深,营丘人,名隶乐工,善击鼓,师乡人李成画山水,喜为峰峦之景。一日郡中宴客作乐,会云气耸起,如峰相逐,院深引望翘企,不觉登鼓,奏节遂失。太守诘之,具以实对。翌日,命院深为画,果有竦突之势,甚异之(刘道醇《圣朝名画评》卷三)。

翟院深因画画入了迷,竟把云团(其实是水气)的变幻当成层峦迭嶂的山峰,连自己正在干什么都忘得一干二净,这就是审美幻觉。有趣的是莎士比亚在《安特尼与克娄巴特拉》中也这样描写过天上的云团:

> 我们有时看一片云像一条龙,一团蒸气像一头熊或一头狮子,像一个有塔楼的城堡,一块悬空的巨石,或峰峦迭起的山、或是蓝色的海湾,上面有树,向世界点头致意,它们和空气一起嘲弄我的眼睛。

---

① 见 K.普拉托诺夫:《趣味心理学》,科学普及出版社 1984 年版,第 126 页。

翟院深眼中的云,和莎士比亚笔下的云和蒸气,变成了起伏的山峦,变成了龙、熊、狮,变成了城堡、巨石、海湾,对象与印象之间并没有直接关系,这不过是离开对象的一种幻觉的创造,是典型的审美幻觉。

审美幻觉是审美知觉的极致,但审美知觉不限于审美幻觉,它还包括审美错觉、审美联觉等等。那么包括审美幻觉、错觉、联觉的审美知觉的突出特征是什么呢?这就是在知觉过程中主体对客体的超越。审美知觉和普通知觉的基本区别在于,在普通知觉中,物质性事物的表征,都是被限定的,你看到云团就是云团,你看到蒸气就是蒸气,它们不会变成什么山峦、龙、熊、狮、城堡、巨石、海湾。但在审美知觉及其极致审美幻觉中,最初阶段对实在对象的纯粹感觉转变为离开对象的另外一种感觉,即对象已被赋予了活力,云团、蒸气不再是云团、蒸气本身,而是山峦、龙、熊、狮等别的东西。这就是知觉主体对知觉客体的超越。审美知觉的这种超越性特征,在艺术鉴赏中表现得最为明显。譬如,你鉴赏雕塑,在你眼前摆着的明明是一块经过加工的石头,可你却可以把它知觉为一个亭亭玉立的、穿着五颜六色新装、冲着你微笑的年轻女郎。你鉴赏音乐,本来是一些高低不同乐音的组合,可你似乎听到了森林中鸟儿美妙的歌唱,海潮中呼啸而来的风,草原上马蹄着地的声响,或是战场上千军万马的厮杀……你鉴赏舞蹈,你看到的明明是在舞台上奔跑的人和扭动的身体,可你眼前却出现一个充满喜怒哀乐的令人沉醉的世界。你鉴赏小说,你看到明明是一行行的字,可你眼前却仿佛看到大观园的省亲庆典,梁山泊一百零八员大将排座次,或是唐僧师徒过火焰山……你离开了你眼前真实的对象,进入了由物质性的事物派生的另一个世界。实际上,你在艺术鉴赏中,你不会被对象限定,你总是忽略了对象的一些属性,又补充了对象所没有的成分,甚至幻想出新的东西。英加登这样谈到他对雕像"维纳斯"的鉴赏:

> 到过巴黎,见过名叫"维纳斯"的那块大理石的人都知道,这块大理石的许多属性,不仅不能有助于审美经验,反而会妨碍这种经验的实现。为此我们总是尽力忽略它们。例如,"维纳斯"鼻梁上的一块污痕,或它的胸脯上可能是由于水的浸蚀而产生许多粗斑、空穴、小孔等等,就会有碍于它的审美感觉。在审美经验中,我们会忽略这块大理石的这些特殊性质,好像根本就没有看到它们。我们似乎看到它的鼻梁毫无瑕疵、胸脯平滑,所有的洞穴都被填上,还有完好的乳头(实际上这乳头已经给毁掉了)等。我们在"思想中",甚至在一种特殊的知觉反映中补充了对象的这些细节,使其在给定的条件下有助于造成审美印象的最佳条件,更确切地说,我们给我们的审美对象的形状补充的细节使它通过在特定条件下出现的审美价值完全展示出来。这种过程对一块真实的石头的认识或调查研究是根本不合适的。可是在"审美认识"中,却"非常合适"。①

在审美知觉中,对对象的某些属性的忽略和对对象的细节的补充,实际上是对对象的幻化,这也就是知觉主体对知觉客体的超越。

---

① M.李普曼编《当代美学》,光明日报出版社1986年版,第292页。

这种超越的意义就在于"有助于造成审美印象的最佳条件",使对象的"审美价值完全展示出来"。

对艺术家而言,他们在艺术创造中,面对的是自然形态的生活,他们在审美知觉过程中对审美对象的忽略补充和幻化,即对自然形态生活的超越,比之于艺术鉴赏中的超越要困难得多。因为在艺术鉴赏中,毕竟有一个完整的艺术品作为你的知觉对象,对象本身就是审美化的、艺术化的,所以艺术鉴赏在知觉过程中尽管也还需要超越,但相对而言,其困难要小得多。在艺术创造中,艺术家以生活为唯一源泉,但不能完全地重复生活、照抄生活。艺术家是以生活的结束点为自己的知觉起点的。艺术家审美知觉常常是这样:他从眼泪中见出欣喜,从欢笑中见出眼泪;他把红色的太阳看成黑色的,又把子夜的黑暗当作黎明的曙光;他从大海的波涛中见出思亲的泪水,又把思亲的泪水看成是滔滔的江河;他从人中见出狗,又能从狗中见出狼,他从美中见出丑,又从丑中见出美;他从不幸中感受到幸福,又从幸福中感受到不幸……艺术家审美知感中的错觉、联觉、幻觉等超越情况,千变万化,千奇百怪,任何概括、归纳都不可能妥帖。譬如,通常总是这样概括主体对客体的超越:在审美知觉中,知觉主体所知觉到的总是比生活本身更集中、更强烈、更理想。这种情况的确存在。当生活本身过分分散、过分平淡、过分卑琐时,审美知觉主体就会将它们集中化、强烈化、理想化,以有利于造成最佳的审美印象。这是一种超越。但有时情况恰好相反,当生活过分集中、过分强烈、过分理想时,就不利于最佳审美印象的实现,这时,作为知觉主体的艺术家就会将它们分散化、平淡化、世俗化。因为只有这样才能冲淡那种令人神经承受不了的过分集中、强烈和理想的东西。这又是一种超越。你试想象一下,你站在铁路边,一列火车风驰电掣般从你身边飞奔而过,你感到心脏受了压迫,感到头晕目眩,你受不了这种"强烈"。你这时就会离铁轨远一些,以调整自己的知觉距离,让火车显得并不太快。真正的艺术家是懂得这一审美知觉规律的。巴尔扎克说过:"生活不是过分充满戏剧性,或者就缺少生动性。"如果是生活缺少生动性,那么作为知觉主体的艺术家,自然应把生活生动化,但如果生活过分充满戏剧性,作为知觉主体的艺术家,自然就应把生活平淡化,拿巴尔扎克的话来说:"常常不得不冲淡一些事物原来的强烈性质。"[①]因为这样做,才能造成最佳审美印象,使对象的审美价值得以充分展示出来。

总而言之,艺术家的审美知觉,是主体对客体的超越,在超越的瞬间,客体获得活力,客体不像在普通知觉中那样限定主体;主体获得自由,他不受物理的时间和空间的束缚,达到了"观古今于须臾,抚四海于一瞬"的境地。或者如英国诗人勃莱克诗中所写,在审美知觉的瞬间,主体的超越达到了这样的高度:

一花一世界,一沙一天国,君掌盛无边,刹那含永劫。

这种超越现象是怎样达到的呢?这就是因为审美知觉不同于普通知觉,它是一种独立于根据律之外的知觉方式,在审美知觉的瞬间,知

[①] 《巴尔扎克论文学》,中国社会科学出版社 1986 年版,第 142—143 页。

觉主体把知觉对象从真实生活的洪流里拔了出来,对象就孤立地呈现在面前了。"而这一个别的东西,在那洪流中本只是微不足道的一涓滴",但在审美知觉中却是总体一个代表,"是空间时间中无穷'多'的一个对等物。"①

然而,在审美知觉中,主体对客体的超越是不是无限的、任意的呢？当然不是。审美知觉中主体对客体的超越要受到来自两个方面的限制。

首先是来自客体的限制。尽管审美知觉客体不同于普通知觉的实在对象,但说到底艺术来源于生活,审美知觉的对象是大观的生活。英加登说:"某些以特殊方式形成的实在对象构成了审美知觉的起点,构成了某些审美对象赖以形成的基础,一种知觉主体采取的恰当态度的基础。"②或者说,审美知觉客体总是这样或那样地引导、规范着审美知觉主体的超越活动。以鉴赏雕塑"米洛的维纳斯"来说,尽管不同审美知觉主体面对那块大理石,所忽略、所补充的东西不相同,但大家心目中毕竟都是美丽的爱神,而不可能是一个老翁或老妪。在艺术创作中,艺术家的审美知觉同样也是如此。一方面,主体获得了某种自由,不完全受客体的限制,但另一方面,客体的力的结构及其所形成的完形等特质,又不能不大致上规定着知觉主体的起点、基础和方向。尽管知觉主体在错觉、幻觉、联觉等心理过程中已使客体变了形,甚至已变得面目全非,但主体又总要在某一点、某一

---

① 叔本华:《作为意志和表象的世界》,商务印书馆,第259页。
② R.英加登:《审美经验与审美态度》,见李普曼编《当代美学》,光明日报出版社1986年版,第288页。

方面上仍然受到客体的牵制,主体任意地、不受丝毫制约地脱离、超越客体的情况是不会发生的。战国时代,韩非就有画犬马难画鬼魅易的议论。为什么画犬马难呢?这是因为"犬马人所知也,旦暮罄于前,不可类之,故难"。实际上就在于犬马作为客体是难于完全超越的。而"鬼魅"则从来不是一个实在对象,是可以任意涂写的。马蒂斯的油画,把西红柿画成蓝色的,萧洛霍夫在《静静的顿河》中把太阳写成黑色的,徐悲鸿笔下的奔马不合比例,但马蒂斯毕竟把西红柿画成圆的,萧霍洛夫毕竟把太阳写成亮的,徐悲鸿毕竟画的是马……

其次,审美知觉中主体对客体的超越,还要受到来自自身的限制。我这里所说的"主体自身",主要是指主体的知觉定势。所谓知觉定势就是指知觉主体对刺激对象做特殊反应和特殊组织的准备。"知觉定势主要来自两个方面:早先的经验和像需要、情绪、态度和价值观念这样一些重要的个人因素。""每一个知觉者把她的凝视或她的其他感觉置于知觉定势的某种程度的影响之下。"或者说,"我们倾向于看见我们以前看过的东西,以及看见最适合于我们当前对于世界所全神贯注的和定向的东西。"同时,"我们倾向于知觉同我们的态度和主导的价值观念相一致的对象和事件。"①

早年的经验,特别是童年时期的经验,成为一种无法摆脱的定势,给审美知觉以强大影响(实际也就是一种限制)。联邦德国学者H.G.伽达默尔说:"经历物的意义内涵于其中得到规定的自传性或传记性的反思,仍然是被溶化在生命运动的整体中的,而且不断地继

---

① 克雷奇等著《心理学纲要》下册,文化教育出版社,第78—82页。

续伴随着这种生命运动……一切经历物不是很快被忘却的,对它的吸收是一个长久的过程,而且它的真正存在以及意义恰恰存在于这个过程中,而不只是存在于这样的原初经验到的内容中。"①这里所说的"经历物",首先是指人的童年的"经历物"。童年的"经历物",成为一种强固的定势,直接地或间接地制约着人的一生的知觉。这种情况在艺术家那里表现得尤为明显。冰心这样说过:"提到童年,总使人有些向往,不论童年生活是快乐,是悲哀,人们总觉得都是生活中最深刻的一段;有许多印象,许多习惯,深固地刻画在他的人格及气质上,而影响他的一生。"②艺术家的全部经历,他的全部的所见所闻所历所知,都像一扇又一扇的窗户,它们限定艺术家从这样一些框架内去知觉周围的事物。实际上,知觉,特别是审美知觉,不仅仅是主体对客体的反应、反映;而且还是主体对客体的投射,即知觉主体把自己所熟知的事物的形象投射到客体上面,从而对知觉的客体进行印象归档。例如,在你面对滚动的云团,你把熟知的动物的形象投射上去,于是云团似乎变成了龙、狮、熊。如果知觉者根本就未见过汽车,那么他是不会把云团归到机器这一档的。英国学者冈布里奇对此做了这样的结论:"我们越来越认识到,我们永远也不能整齐地把所见从所知分出来……我们称之为观看的东西总是由我们所见的东西的知识(或信念)来着色和形成的。"③

早年经验所形成的知觉定势对审美知觉的限制,表面看起来使

---

① H. G. 伽达默尔:《真理与方法》,辽宁人民出版社1987年版,第95页。
② 《冰心研究资料》,第42页。
③ 冈布里奇:《艺术与幻觉》,湖南人民出版社1987年版,第367页。

主体在一定程度上失去了知觉的自由，使主体不能天马行空，任意往来，似乎对艺术创造是一种"束缚"。实际上，一个艺术家如果真正把握了"所见"乃是由于"所知"的规律；他就可以在艺术创作中充分地运用它，并创造出艺术奇迹来。中国传统绘画最讲究"空白"，讲究"虚实相生，无画处皆成妙境"，其根据就在于"所见"出于"所知"的美学原理。既然某些事物、情景已为人所十分熟知，那么下笔之时，就可留下空白，空白的部分可由观众自己去弥合与补充，这样就可达到"半大于全"、"笔不周意周"的效果。

人的需要、动机、期待、情绪、态度、心境和价值观念等也作为知觉定势，制约着主体的审美知觉。心理学的实验已充分证实了知觉者的需要、动机、期待指导着（或者说限制着）他的知觉。情绪、态度对知觉的限定，最清楚不过地反映在那个"疑邻人窃斧"的故事中，由于认定斧子是邻人所窃，于是对邻人就带有怀疑的、不信任的情绪与态度，于是邻人的一举一动在知觉者眼中无不与盗窃相关。心境对知觉的限制更是明显。例如大海，在心境不同人的眼中，其形象都是由知觉者的心境着色、成形的，在恋人眼里，它是柔情的浪；在孤儿眼里，它是慈亲的歌；在游子眼里，它是思亲的泪……其实，大海就是一汪水，恋人、孤儿、游子把它看成不同的东西，是心境对知觉产生的限制性影响。价值观念作为一种心理定势，在更深的层次上限制人的知觉。一把旧式的木椅，在经历过贫穷的痛苦的老母亲的眼中，是无价之宝；在讲时髦的女儿那里，不过是一堆垃圾。其实那把椅子既非无价之宝，也非一堆垃圾，只不过母亲和女儿的价值观念相差太远，从不同的方面限制了他们的眼睛，从而作出完全不同的知觉判断。

人的需要、动机、期待、情绪、态度和价值观念所形成的知觉定势对艺术家知觉的限制,是有利于艺术创造,还是不利于艺术创造,这就要由艺术家自身修养的高下而定。对修养低下的人,他所形成的知觉定势必然要在他的艺术品中流露出来,从而破坏他的创造。反之,如果艺术家修养高尚良好,那么主体的知觉定势,将帮助他瞥见一般人无法发现的蕴藏在一切事物下的无穷的秘密,尽管这也是主体超越客体中的一种限制。

　　综上所述,在审美知觉中,主体超越客体是一条规律;主体又受客体和主体的知觉定势的限制又是一条规律。审美知觉是超越与限制的二律背反。

(原载《北京师范大学学报》1991年第1期)

自我情感与人类情感的相互征服
——论文学艺术中审美情感的深层特征

文学艺术创作中审美情感的特征，是一个极其复杂的问题。尽管有许多理论家、艺术家就这个问题发表过各种各样的意见，但是全面的、深刻的、具有说服力的解答仍不易找到。然而这个问题是如此重要，以至于某一种意见就是一种艺术流派的纲领、一种理论派别的根据。所以在这里重新把文学艺术创作中审美情感的特征问题提出来讨论，仍然是十分必要的。

一、自我表现论与人类情感表现论

文学艺术创作要表现情感，这已为多数人所接受。但是，文学艺术创作中所表现的情感究竟是什么情感呢？人们对这个问题的理解就很不一样。最常见的看法有如下两种：

第一种看法，认为文学艺术创作是艺术家情感的"自我表现"。

自西方艺术中的浪漫主义思潮产生之后,这个看法就为许多艺术家所坚持。就诗歌创作领域而言,从英国浪漫派渥兹渥斯到中国的浪漫诗人郭沫若都持这种看法。渥兹渥斯在其著名的《〈抒情歌谣集〉序言》中两次强调说:"诗是强烈情感的自然流露",并以此为基础建立起他整个的诗歌理论。渥兹渥斯所说的"情感的自然流露",当然是指诗人自己的情感的自然倾吐,所以渥兹渥斯实际上是西方较早的"自我表现"论者。郭沫若则说:"我想我们的诗只要是我们心中的诗意诗境之纯真的表现,生命源泉中流出来的 Strain,心琴上弹出来的 Melody,生之颤动,灵的喊叫,那便是真诗,好诗,便是我们人类欢乐的源泉,陶醉的美酿,慰安的天国。"①当然,所谓"生之颤动,灵的喊叫",即"自我表现",也并非在诗里终日喊"我爱"、"我恨"、"我愤怒"、"我恐惧",这种喊叫,并不是表现情感,仅仅是描述情感。自我表现论者深知此点,所以他们并不拒绝写景状物,甚至不拒绝写故事情节,但他们强调唯有诗人、艺术家自己的激情才是诗的、艺术的灵魂,渥兹渥斯就明白地说"是情感给予动作和情节以重要性,而不是动作和情节给予情感以重要性。"②这就是说,诗和艺术中虽也写景状物说故事,但这景、物、故事只不过是诗人、艺术家自己情感的客观对应物而已。用王国维的话来说:"一切景语皆情语。"

艺术中的情感既然是艺术家情感的自我表现,那么这种自我情

---

① 郭沫若:《论诗三札》,《沫若文集》第 10 卷,人民文学出版社 1959 年版,第 204 页。

② 渥滋渥斯:《〈抒情歌谣集〉序言》,《十九世纪英国诗人论诗》,人民文学出版社 1984 年版,第 7 页。

感能否与读者的情感相通,引起读者的共鸣呢?在这个问题上,自我表现者又可分为两派。一派认为,艺术就是自己情感的表现,你心中充满了激情,你将它溢流出来了,你获得了情感释放的愉快,这就够了,至于有没有读者,或能不能引起读者的共鸣,艺术家可以不予考虑。例如济慈就公开宣称:"我从未带着公共思想的些微影子写下一行诗句。"对此说得最绝对的是英国评论家约翰·斯图尔特·米尔。他认为"诗歌是情感,是在孤独的时刻自己表白自己","所有的诗歌都具有自言自语的性质"[①],如果说诗歌有读者的话,那就是诗人自己。在这一派人眼里,艺术属于自己,读者无足轻重,因此不是读者的反应决定艺术的价值,自我情感宣泄的充分与否才是艺术价值的所在。另一派自我表现论者则强调,艺术只有表现艺术家自己的情感,那么艺术作品中所流露出来的情感才可能是真实和真诚的,虚假和虚伪的情感是不能打动人的,唯有真实和真诚的情感才能打动人、感染人,引起人们的共鸣。著名音乐家勋伯格是主张"自我表现"的,他说:"艺术家所努力追求的只有一个最大的目标,就是表现自己。"但他之所以强调表现自己,是因为他们认为一件艺术品,只有当它把作者内心中激荡的感情传达给听众的时候,它才能产生最大的效果,才能由此引起听众内心情感的激荡。这就是说,读者、听众是重要的,正是因为读者、听众,艺术才需要情感自我表现。尽管自我表现论者这两派人在重视不重视听众、读者问题上有如上分歧,但他们的

---

① 转引自 M. H. 艾布拉姆斯《批评理论的趋向》,《文艺理论研究》,1986年第6期。

基本观念是一致的,那就是认为艺术创作中的情感只能是自我的情感,而且他们这一观念的确立也有他们的理由:就艺术地把握世界而言,艺术家只有通过自己情感的燃烧,才能照亮眼前的现实,才能有所发现。正如胡风所说:"尽管题材怎样好,怎样实有其事……但如果它没有在作者的情绪里溶解,凝晶,那你就既不能把握它,也不能表现它的。因为,在现实生活上,对于客观事物的理解和发见需要主观精神的突击,在诗的创造过程中,客观事物只有通过主观精神的燃烧才能使杂质成灰,使精英更亮,而凝成浑然的艺术生命。"①

第二种看法,认为艺术创作不是情感的"自我表现",而是人类情感的表现。托·斯·艾略特曾提出艺术创作中"非个人化"问题,他说:"诗不是放纵感情,而是逃避感情;诗不是表现个性,而是逃避个性。"他认为艺术家的创作过程是"不断地牺牲自己,不断地消灭自己的个性"的过程②。"自我表现"论的主要反对者是美学家苏珊·朗格。她在《哲学新解》一书中强调指出:"发泄情感的规律是自身的规律。""纯粹的自我表现不需要艺术的形式"。当然,也就不可能形成审美情感。她举例说,"以私刑为乐事的黑手党徒绕着绞架狂吼乱叫;母亲面对重病的孩子不知所措;刚把情人从危难中营救出来的痴情者浑身颤抖,大汗淋漓或哭笑无常,这些人都在发泄着强烈的情感,然而这些并非音乐需要的东西,尤其不为创作所需要。"她在《艺术问题》一书中肯定地说:"一个嚎啕大哭的儿童释放出来的情感要

---

① 《胡风评论集》中,人民文学出版社 1984 年版,第 362 页。
② 参见《现代西方文论选》,上海译文出版社 1983 年版,第 275 页。

比一个音乐家释放出来的情感多得多,"然而人们决不要听这哭声,"因为人们不需要自我表现"。苏珊·朗格得出了这样的结论:"艺术家表现的决不是他自己的真实的情感,而是他认识到的人类情感。"①

那么,苏珊·朗格所说的"人类的情感"究竟是什么呢？为什么艺术表现的是人类的情感呢？艺术又是如何来表现这种情感？苏珊·朗格在谈到舞蹈所表现的情感时说:"这种情感并不是那种属于某个演员个人的情感,而是属于舞蹈本身的情感。"又说:"一个舞蹈并不是舞蹈演员本人情感的征兆,而是它的创造者对各种人类情感认识的一种表现。"②这两句话可以帮助我们理解所谓"人类的情感"的含义。在苏珊·朗格看来,艺术中的人类的情感不是个人的现场情感的流露,如大哭或大笑等征兆性信号性的东西,而是经过加工的一种情感概念(Conception),"是标示感情和其它主观经验的产生和消失过程的概念,是标示主观感情产生和发展的概念,是再现我们内心生活的统一性、个别性和复杂性的概念。"③而这种情感概念是属于人类的,我们无法时时与它相遇(譬如,不能在欢乐时遇到痛苦,或不能在痛苦时遇到欢乐),但我们可以从概念上去认识它、反映它、想象它(譬如我们可以在心情平静时去想象欢乐或痛苦)。动物也有情感,但只有个体的征兆性的情绪(譬如饥饿时的焦急的呼喊),它们没

---

① 苏珊·朗格:《艺术问题》,中国社会科学出版社 1983 年版,第 23—25 页。
② 同上书,第 6—8 页。
③ 同上书,第 6—8 页。

有情感概念。情感概念只有人类才有。因此,艺术表现的对象不是像动物身上那种只带有信号特征的征兆的情感,而是人类普通的情感概念。艺术只有表现这种情感概念,才有可能在人与人之间的心灵上搭起桥梁。艺术表现人类的情感概念,不是用描写、暴露的方式,而是以客观对应物来呈现。苏珊·朗格在谈到艺术如何表现人类情感概念时说:"就是以一种客观的符号将一个主观的事件或活动表现出来。任何一件艺术品都是这样一种形象,不管它是一场舞蹈,还是一种雕塑品,或者是一幅绘画、一部乐曲、一首诗,本质上都是内在生活的外部显现,都是主观现实的客观显现。这种形象之所以能够标示内心生活中所发生的事情,乃是因为这一形象与内心生活中所发生的事情含有相同的关系和成分的缘故。这种形象不同于物质结构,一种舞蹈的物质材料结构与情感生活的结构是不相同的,只有创造的形象才具有情感生活所具有的成分和结构式样。"[1]显然,苏珊·朗格在这里所借用的是格式塔学派的"异质同构"理论。苏珊·朗格反对艺术创作中的自我表现,主张艺术表现人类的情感也有她的相当充分的理由。因为艺术所表现的情感的确不是艺术家即时的自我情感,而是经过再度体验的具有典型性、普遍性的情感,正是这种情感使艺术成为了沟通人类心灵的精神力量。

---

[1] 苏珊·朗格:《艺术问题》,中国社会科学出版社1983年版,第8—9页。

二、自我表现论和人类情感表现论的弱点

这样看来,自我表现论和人类情感表现论的确是对立的,但又各有各的理由。艺术究竟是表现什么情感呢?是艺术家的自我情感还是人类的情感概念,这是至今仍令人困惑的艺术理论上的"哥德巴哈猜想"。还是让我们把自我表现论和人类情感表现论的理论弱点评说一番,然后再试图提出我的一些想法。

认为艺术是艺术家的情感的"自我表现"理论,当它跟机械的再现论作战时,的确显示了它的力量,因此这一理论至今仍有众多的拥护者。但它的理论弱点也是致命的。为了把"自我表现"论的弱点说透,让我们从表演艺术说起。因为表演艺术有两度创造,即作者的创造和表演者的创造。而表演者的艺术创造最易于暴露"自我表现"论的弊病。就以戏剧表演而论,演员要传达的是剧本中规定的情感。也就是说,感情的性质、逻辑、流程、强度及其变化都是由剧本规定的,演员要忠实地把它传达出来,过与不及都会损害演出,凭着自己的即时的心情自我表现便会歪曲剧中的情境,并使动作变形,这是绝对不行的。著名演员于是之说:"我认为,表演只讲'从自我出发'是片面的。例如,让你演阿巴贡丢钱,你光从自我出发就演不出来。因为法兰西你不了解,莫里哀你不了解,莫里哀的那个时代你也不了解,一切都不具备,就假设我丢了钱,假设了半天,还是你自己。我们要你演的是莫里哀写的那个阿巴贡丢钱,你不能篡改,你只按作者写的演……如果你老是想着那个自我,'假如我碰见这事怎么办',你老

不想那个'他',你想创作出性格来是很不容易的。"①把这个问题说得特别透彻的是启蒙时代伟大的思想家狄德罗,他撰写过一篇题为《演员奇谈》的对话体论文,通篇都在批判演员在演出时情感的"自我表现"。他认为在舞台上演员凭自己的情感即兴式的表演既做不到,也要不得。为什么说做不到呢?因为一个演员要在舞台上扮演各种各样的角色,既要善于演领袖、英雄、勇士、真正的人、善良的人,也要善于演"吝啬鬼,赌徒,马屁精,怨天尤人者,打出来的医生——这是迄今为止诗人想象出来的最不动感情、最鲜廉寡耻的人物,贵人迷,无病呻吟者,无缘无故怀疑自己戴绿帽的丈夫……以及其他许多悲剧或喜剧性格。"②每一种角色都有独特的情绪基调,作为一个演员,哪怕他(她)是一个伟大的演员也不可能亲历过这许多角色的生活,熟悉这许多角色的情感基调及情绪的细微变化。作为有自己的独特的性格特征和情感基调的演员,如果只是想着"自我表现",那么他永远不可能进入各种各样的角色,他演的永远只是他自己,他把众多的角色演成一种人、一种色调。由此可见,演员在他扮演的每一角色中都"自我表现",这是要不得的。那么为什么说演员在舞台上自我表现是要不得的呢?狄德罗举例说:"有位男演员正在热恋一位女演员。一个偶然的机会使他们同演一场戏,由男演员表演吃醋的情人。如果他是个平庸的演员,这场戏因此增光。如果他是高明的演员,这

---

① 于是之:《表演漫谈》,《于是之论表演艺术》,中国戏剧出版社1987年版,第102—103页。
② 狄德罗:《演员奇谈》,《狄德罗美学论文选》,人民文学出版社1984年版,第313页。

场戏却要失色,因为那时候伟大的演员又变成他自己,不再是他揣摩出来的满怀醋意的情人的理想、高妙的范本。有一点足以证明那时候这位男演员和这位女演员都降低到日常生活的水准上去,那就是,如果他们还保留演戏的架势,他们定会忍不住相对大笑。他们会觉得表演夸张的、悲剧式的嫉妒心等于炫耀他们切身感受的嫉妒心。"[1]这就是说,当表演变成了演员在生活中的情感、情绪自然流露,即自我倾吐、自我表现时,艺术就还原为生活本身,演员所表演的也不过是某一个人的精确的动作、心态,这种表演是不可能具有艺术的普遍性的。这是一种完全失败的表演。真正伟大的演员总是能排除自我的情感,而按剧情所规定的情境来进行表演。这样,狄德罗就认为,演员在表演时不能感情冲动,尤其不能自我表现。他指出,"假如演员易动感情,他怎么可能真心诚意地连续两次以同样的热情扮演同一个角色并且取得同样的成功呢?如果他在第一场演出中异常热情冲动,到第二场演出他将筋疲力尽,变得和大理石一样冰凉……凭感情去表演的演员总是好坏无常。你不能指望从他们的表演里看到什么一致性;他们的表演忽强忽弱,忽冷忽热,忽而平庸,忽而卓越,今天演得好的地方明天再演就会失败,昨天失败的地方今天再演却又很成功。"[2]这种演员的表演之所以不稳定,主要在于他们过于相信自我表现。当角色情感与自我的情感一致时,角色与我合为一体,他们就演得好,当不一致时,他们就无法进入角色,角色是角色,

---

[1] 狄德罗:《演员奇谈》,《狄德罗美学论文选》,人民文学出版社 1984 年版,第 308—309 页。
[2] 同上书,第 281 页。

我是我，两种情感无法合流，在这种情况下就必然会以自我的情感去歪曲角色规定的情感，从而使表演归于失败。

从狄德罗的具有说服力的分析中，我们不难看到，对戏剧表演来说，自我表现是不适宜的。因为自我表现必然要有情感激动（或情感征兆），而情感冲动或情感征兆使演员的情感只能滞留在自我的悲欢之中，而不能进入角色所规定的情境里，从而使表演的动作变形或失常。

也许有人要问，戏剧表演是再度艺术创造，其中情感的性质、形态、逻辑、变化等都是由剧本来规定好的，因此，演员表演时不宜凭自己的情感自我表演，但对一度创造的诗歌、小说、剧本、雕塑、绘画、音乐等艺术创作而言，自我表现就是可行的了。其实不然。我们认为，艺术家一旦进入构思过程，那么他笔下的人物、景物等一切对象，就获得了独立的、确定的情感性质、形态、逻辑以及变化的轨迹，它实际上已形成了一种客观的力量，左右着艺术家的选择，甚至领着艺术家向前走。在这种情况下，艺术家尽管是一个创造者，但他的权力已很小，他已不能根据自我的情感需要随意支配他笔下的人物、景物及附着其上的情感性质、情感逻辑和情感变化的轨迹。如果硬要自我表现，即以自我即时的情感去对笔下的人物、景物着色，那么势必破坏人物、景物已形成的情感性质和逻辑，改变情感运动的轨道，结果毁坏整个艺术构思。

狄德罗、渥兹渥斯、莫扎特、哥格兰、鲁迅等许多艺术家都讲情感冲动时，虽然最宜于自我表现，但不宜于作诗写小说、不宜于作曲写剧本。因为在情感正烈之时，在眼睛还在流泪之时，难以把握对象的情感逻辑,所以写不出好作品来。我们可以肯定地说,世界上一切最好的诗、最好的悲剧与喜剧、最好的乐曲和绘画,都是在艺术家心境平静时创造出来的。在创作过程中,艺术家可能激动过,为笔下的人物命运流泪,为笔下的情感异变激动。但其动笔之时,心境却是异乎寻常地平静。情感冲动,诚然便于自我发泄,便于自我表现,但情感冲动会大大地降低人的智力,甚至会使人变得愚蠢,而愚蠢是艺术创作的敌人。

我们对艺术创作中情感的自我表现论,作了这么多的批评,那么是不是说人类情感表现论就毫无缺点呢?就比自我情感表现论要强得多呢?情况并非如此。人类情感表现论所遇到的问题是:艺术家所表现的人类情感,是怎样来到艺术家的心中和笔下的呢?难道艺术家认识并表现人类的情感概念,不需要艺术家的亲身的情感体验吗?可以肯定地说,艺术家要表现人类的情感,就首先必须对人类的情感有深刻的体验。而这里所说的体验,是艺术家本人的体验,因此是"我"的体验。这就是说,尽管艺术家表现的是人类的情感,但必须找到自我的情感与人类的情感的交切点、重合点、结合点,使人类的情感和个人的情感融为一体。否则即或表现了人类的情感概念,也不会真切动人。于是之对此有深切体会,他在《演员创造中的"我"和"他"》一文中,在说明"演员心中必须有'他'(指角色——引者)"的同时,又强调说:

演员在排练中,最幸福的时刻莫过于感到自己与角色的心理状况一致起来。——我们平素常说的"我已经感觉到了他"或者"我觉得就是他"了所指的便是这种境界。这时候,我不必再用语言向人分析他的痛苦和欢愉。这也不必费力气地去表演他们了,而是我感到了那痛苦,我享受到了那欢乐。"我"和"他"是统一起来了的。①

然而"我"和"他"是怎样统一起来的呢?于是之说:

> 我想,一切艺术创作,无论是美术家运笔作画,提琴家拉琴,或是小说家写他的作品,在创作的当时,大体上总是要用自己的情感去体验那要表现的对象的,并且这种情感便成为一种支配的力量,驾驭着其他纯熟的技巧,驰骋纵横,最后写出、画出、奏出他精彩的作品来的。②

于是之的意思是必须把对象所蕴含的人类的情感通过自己的体验,化为"我"的情感,这样才能真实、深刻地表演对象所蕴含的人类的情感。这就是说通过"有我",达到"无我",达到对于人类情感的客观呈现。很明显,于是之的理论是受到斯坦尼斯拉夫斯基的体验派表演理论的启发的。斯坦尼斯拉夫斯基曾说过:"要表达角色的情感,就必须了解角色的情感,要了解角色的情感,就必须亲身有过类似的体验。"③由此看来,笼笼统统地说艺术要表现人类的情感概念,完全忽

---

① 《于是之论表演艺术》,中国戏剧出版社1987年版,第30页。
② 同上书,第29页。
③ 《演员自我修养》第一部,中国电影出版社1985年版,第41页。

视自我的情感体验和表现,是不符合艺术创作实践的。不表现"自我"情感的,完全客观地呈现人类的情感概念的作品是没有的。要知道,即使艺术家在作品中着意要表现客观的人类的情感概念,他或她仍然不自觉地、下意识地在作品中按下了"自我"心灵的印痕。

力主文学艺术表现人类情感概念的苏珊·朗格自己似乎也意识到她的理论的空泛的缺陷。她在《哲学新解》中提出一个"借用"的概念。她认为个人的情感在一定条件下可以成为人类普遍情感的媒介。即艺术创作中的某些人类的情感与艺术家自我情感,如果在主题上一致时,就"可以从各种表情征兆的领域之中借用"。把自我体验、领悟到的而又与特定的人类情感相一致的情感移置到艺术创作中去。以"自我"这种个别来表现"人类情感"的一般。

然而,上述"体验"、"借用"的说法是否就把人类情感表现说的漏洞堵住了呢?没有。对真正的艺术家来说,情感的海洋无比宽阔,他们体验到的情感也许不过是一条小溪,一个湖泊,一个深潭,相对于海洋来说总是很有限的,他们不可能去体验世界上各种各样人的情感。他没有当过小偷,如何去体验小偷的心理呢!他没有当过嫖客,又如何去体验嫖客的欲望呢?他没有吸过大麻,又如何去体验吸毒者过瘾时的快乐呢?某个艺术家明明是豪爽大方之士,又如何去体验吝啬鬼的小气呢?某个艺术家的爱情异常幸福,又如何去体验少女失恋时的痛苦呢……既然这一切都难以体验,又如何能在艺术中"借用"呢?由此看来,艺术既要表现人类的情感概念,又要表现"自我",但这两种对立的情感在艺术创作中如何统一起来的呢?至今并没有令人满意的答案。

三、自我情感与人类情感的相互冲突、搏斗、征服和突进

当福楼拜说"包法利夫人就是我",郭沫若说"蔡文姬就是我"的时候,我们应不应该相信他们的话呢?他们这样说是故作惊人之语以哗众取宠呢?还是想把发自肺腑之言真实地告诉读者?我相信他们。他们这样说是真诚的。尽管福楼拜和郭沫若是男性,而包法利夫人和蔡文姬是女性,而且蔡文姬还生活在遥远的古代,但我相信,在一定意义上包法利夫人的情感历程必定与福楼拜的情感历程是相同或相似的,蔡文姬的情感愿望必定与郭沫若的情感愿望是相同或相似的。艺术创作的审美情感既是附着于对象(人物、景物)上的人类的情感概念(如附着于高老头身上的父爱,附着于老葛朗台身上的吝啬,附着于贾宝玉身上的反叛,附着于林黛玉身上的多愁善感,附着于薛宝钗身上的世故圆滑等等),又是艺术家的自我情感,是对象情感与自我情感的神秘统一。当福楼拜和郭沫若骄傲地那样说的时候,就意味着在他们的某个艺术品中实现了上述神秘的结合。

然而,对象情感和自我情感的神秘结合是如何实现的呢?我认为这是通过两种情感的相互冲突、相互搏斗、相互征服、相互突进而实现的。

首先,在艺术创作中,艺术家的自我情感与对象所体现的人类情感是完全不同的,法国著名作家弗朗索瓦·莫里亚克说:"我们主人公的感受和我们自己的感受的规模是毫不相符的。在明显的时候,我们偶然能在我们心里找到我们笔下的某个人物迸发的感情萌芽,

但两者的力量是不能相比的,在小说家的感受和他主人公心灵中所发生的情况之间几乎毫无共同之处。"①因为艺术家本人和笔下的对象,都是作为主体而存在着的,他和它各有各的情感世界,即使这两个主体的情感世界偶或相通,但性质与程度都是完全不同的。莫里亚克曾举例说明这两个情感世界的不同。假定说,作家作为一家之主,在劳动了一天之后,和妻儿坐下来进晚餐,孩子们说笑着,抢着说这一天在学校里发生的有趣的事,却没有一个人关心自己的父亲这一天写作进展如何,这样,在一瞬间,作家心里就会感到谁也不需要他,他好像被遗弃了,他的情绪可能立刻变坏了。但是随着晚餐的结束,随着疲劳的消失,他的情绪又正常了,他又高兴起来。这就是作家作为一个主体在生活中的一种情绪体验。然而到了写小说的时候,作家就会"从一瞬间的恶劣情绪中提炼出狂暴激情,"莫里亚克就是把这类不足挂齿的瞬间的坏情绪加以放大,从而写出小说《蝮蛇结》中一家之主的父亲那样的狂怒。而实际上,生活中作家偶尔的坏情绪,与小说主人公的那种狂怒,无论从性质上还是程度上都是完全不一样的。据此,莫里亚克说:作家"分离出并强调出在我们心中为其他的感情所掩盖、压制和冲淡的这些类似的感情。这又一次说明,我们作品中的人物不但不表现我们,反而背叛我们。"②应该说作家的瞬间的坏情绪与作品主人公的狂怒,虽然不一样,但毕竟在情感的流向上还是多少有相同之处。实际上,艺术创作中艺术家自我情感

---

①② 莫里亚克:《小说家及其笔下的人物》,《法国作家论文学》,三联书店 1984年版,第188页。

与对象情感的对立比这要严重得多,艺术家本人很大方,却要面对主人公的无比吝啬,艺术家本人很勇敢,却要面对主人公的无比怯懦,艺术家本人很善良,却要面对主人公的无比狠毒……艺术家与对象的情感流向完全相反,在这种情况下,人物对艺术家来说就更是"背叛"了。由于艺术家的自我情感与对象所体现的某种人类情感概念有上述不同,这样艺术家的自我情感与对象的情感就不能不产生相互碰撞、冲突。

其次,在上述碰撞、冲突的情况下,就必然产生了相互搏斗中谁征服谁的问题。而相互征服是实现艺术家自我情感与对象情感神秘统一的关键所在。不言而喻,我们这里所说的"搏斗""征服",并非艺术家与一个外在于他的力量的搏斗,实际上是艺术家心灵自身的搏斗,对象情感作为搏斗的一方也处于艺术家的艺术构思之中,它同艺术家的自我情感一样,也属于艺术家,但这毕竟是存在于艺术家心灵中的两股对立的情感力量。它们之间的搏斗和征服是艺术创作得以进展的原因。然而艺术家自我情感与对象情感之间的相互搏斗和征服是极其复杂和微妙的过程。艺术创作是艺术家以自己的情感去把握对象及附着其上的情感,这一点是显而易见的。然而两种情感的搏斗和征服就在这"把握"过程中发生了。当艺术家以自己的情感去把握对象之时,对象及附着其上的情感是决不会轻易顺从的。如果某个对象及其情感轻易地顺从艺术家的自我情感,"成为了我们的传声筒,这则是一个相当糟糕的标志。如若他顺从地做了我们期待他做的一切,这多半是证明他丧失了自己的生命,这不过是受我们支配的一个没有灵魂的躯壳而已。"①实际上,在真正的艺术家那里,对象一旦进入构思过程,它就获得了活的生命,它有一颗活蹦乱跳的心,它的感知,它的情感,它的愿望,它的幻想,它的情欲,它的行动的逻辑,它的思想的走向,它的必然选择,它的偶然的行动,它的心态的微妙变化,等等,就跟你的某些朋友或邻居一样复杂、曲折、微妙,一样不可捉摸。正如理论家胡风所说,尽管艺术家为了把握它,像"猎人似地追索",像"爱人似地热恋",但作为有生的颤动、有灵的喊叫的对象也会"精明老练地""逃匿"、"东躲西逃",或者如莫里亚克所说"这些人物一般能自己保护自己,顽强地进行自卫",而且"人物的生命力越强,那么他们就越不顺从我们。"因为作为对象的人物(也包括景物),既有它的生物学的意志、又有它的历史、社会、时代所赋予的伦理生命,因此它的情感不能不"取着千变万化的形态和曲折复杂的路径",艺术创作就意味着把这样活的对象接到自己的家里来,并朝夕与它相处,进而征服它;这不能不说是灵魂的冒险。艺术家本人必须有伟大的人格、超常的智慧和巨大的搏击力量以及"主观战斗精神",这样才有可能与对象进行殊死的搏斗,迫使对象打开自己的心扉,进而征服它。当然,这种征服是相互的征服,不是单方面的征服。这一点正如胡风所指出的:"作家的主观一定要主动地表现出来或迎合或选择或抵抗的作用,对象也要主动地用它底真实性来促进、修改、甚至推翻作家底或迎合或选择或抵抗的作用,这就引起了深刻的自我

---

① 莫里亚克:《小说家及其笔下的人物》,《法国作家论文学》,三联书店1984年版,第192页。

斗争。"①当然在这种相互搏斗中,艺术家自己的思想情感和他创作前的全部准备是起主导作用的,因此他对这场搏斗的胜利具有决定的意义。

然而这种胜利不会轻易取得。就是在一些强而有力的艺术家或艺术大师那里,有时也免不了在这两个情感世界的斗争中失败或暂时失败。例如,列夫·托尔斯泰作为一代艺术大师也有过失败的记录。他的长篇小说《复活》的写作前后拖了十年,其间几经曲折,多次出现创作危机,甚至想就此洗手不干。在经过五年之后,他拿出了第一稿。"第一次草稿的结尾写的是聂赫留朵夫和卡秋莎在监狱教堂里结婚和他们迁居到西伯利亚去。对于聂赫留朵夫如何著书立说,反对土地占有制度(原先曾以单独一章来写聂赫留朵夫把自己的土地送给农民),只是潦草地、可以说三言两语地叙述了一下。聂赫留朵夫有被流放的危险,于是他和卡秋莎逃到外国去了。他们在伦敦住下来,聂赫留朵夫在那里继续进行他的宣传。"②正如苏联评论家多宾所说:"第一次草稿软弱的一环(软弱到了惊人的程度)便是它的结尾,尖锐的生活悲剧被人为地装上了一个幸福的尾巴。从现实生活'撤退'——迁居到外国去——显得很牵强。卡秋莎跟那个毁了她的一生的人和解,也显得没有内在的理由,甚至是虚伪的。"③问题是托尔斯泰的开始的失误是怎么造成的呢?按对象的情感流向来说,卡秋莎不会同意跟造成她的不幸的聂赫留朵夫结婚,而聂赫留朵夫

---

① 胡风:《置身在为民主的斗争里面》,《胡风评论集》下,人民文学出版社1985年版,第20页。
②③ 多宾:《论情节的典型化与提炼》,作家出版社1957年,第36页。

也不会远离现实生活而逃到伦敦去,但在托尔斯泰与这两颗灵魂的搏斗中,卡秋莎和聂赫留朵夫都把自己的情感隐蔽起来了,并骗过了托尔斯泰,他和她对艺术家的抵抗成功了。反过来说也是一样,托尔斯泰的主体突击力量还不够强大,没有突进到人物的情感世界,他把人物对他的"欺骗"误认为是顺从,结果他在和这两个跟他生活了五年的人物的血肉搏斗中失败了。又经过了五年,在他写完最后一稿时,他才追踪到卡秋莎,卡秋莎打开了自己的情感世界,她流放走了,并跟另一个世界的人们建立起亲密的关系,她选择了一个革命者做她的丈夫。而托尔斯泰这次征服了自己的人物,并按已被征服的人物固有的情感逻辑去安排人物的行动。而聂赫留朵夫,对托尔斯泰五年的追踪、搏击,则半是屈服半是躲闪,他屈服了,他告诉托尔斯泰,他无法与卡秋莎结婚,也不想出国;但他不完全屈服,他不能完完全全地把心灵坦露出来,譬如他最后要做什么想什么,他不告诉托尔斯泰,而托尔斯泰在这种控制与反控制的斗争中,已精疲力尽,他无法完全地捉住聂赫留朵夫,在小说结尾他只好强迫聂赫留朵夫去读《马太福音》第十八章,并强迫他这样想:

> 要克服使人们饱受苦难的骇人听闻的罪恶,唯一可靠的办法,就是在上帝面前承认自己总是有罪的,因此既不该惩罚别人,也无法纠正别人……

聂赫留朵夫顺从地这样做这样想了,可这完全是道德家托尔斯泰自己的做法和想法,聂赫留朵夫不过是像一个死的木偶那样做了托尔斯泰的传声筒而已。这种"顺从"意味着作家创作的失败,因为他在与活的对象搏斗中,并没有突进人物的心坎。这就如同一个教师在没有说服学生的情况下,采用了压服的方法。而结果是压而不服。聂赫留朵夫至今不服,因此有许多批评家替他说话,指责托尔斯泰把自己的思想强加于他的人物。而这种指责是完全合理的。

其三,艺术家的自我情感与对象的人类情感相互搏斗、征服的结果,是艺术家自我与对象的相互突进。一方面是艺术家的灵魂突进对象,从而体验到对象的活跃的情感激流,把客观对象变成自己的东西表现出来。另一方面是对象的灵魂突进艺术家的情感世界,从而在艺术家的主体里,扩大了与对象相适应的情感因素,克服与对象不适应的情感因素,使艺术家的情感世界重新分解与再度建构,填补艺术家原有情感建构的缺陷。这样,无形中使艺术家的情感在艺术实践中得到了新的提升。当然上述两个逆向的突进过程其力量不是一半对一半。在这一些艺术家那里,主体自我情感向对象突进得更多更深一些,于是对象就完全处在主体情感的火焰的包围中,对象在实在方面可能被燃烧而变了形,这样就有了艺术的浪漫主义和现代主义。在这种情况下,月亮可以变成绿色的,太阳可以变成黑色的,西红柿可以变成蓝色的,人会燃烧、会爆炸,人可上九天揽月,下五洋捉鳖,但人也可以变成甲壳虫,变成几何图形的组合,生者可以死,死者也可生……在另一些艺术家那里,对象的情感向艺术家的心灵突进得更多更深一些,于是艺术家自我的情感被客体对象所控制,变得深藏不露,这样我们就有了艺术上的现实主义,月亮还是白色的,太阳还是红色的,西红柿不会变成蓝色,人们劳动、恋爱、结婚、生儿育女、吵架、为柴米油盐发愁，生者就是生者，死者也不会复生，一切就像我们在生活中看到的那样。由此看来，艺术家自我情感与对象情感的相互冲突、搏斗、征服和突进，不但是使两种情感实现统一并使艺术创作获得成功的关键，而且两个情感世界谁征服了谁，谁控制了谁，还是形成不同艺术潮流或不同审美方式的重要原因。

四、艺术家与其对象的交涉和搏斗在无意识中进行

艺术创作中艺术家自己的情感世界和对象的情感世界的相互冲突、搏斗、征服和突进，在任何一种真正艺术创作中都是存在的，但只有极少数的理论家和艺术家（如胡风、莫里亚克等）认识到，多数艺术家在讲自己的创作时，不是讲如何模仿、再现生活，就是讲如何自我表现，有的艺术家也讲模仿、再现生活和自我表现的统一，但从不把这种统一过程归结为两个情感世界的搏斗，似乎对艺术家心灵里面的斗争毫无觉察，这又是怎么回事呢？

是的，艺术家在艺术创作过程中出现的两个情感世界的搏斗看起来是有点神秘。这种搏斗之所以给人以神秘之感，是因为它主要是在艺术家的无意识的幽深隐蔽之处进行的。我们过去只承认艺术家的世界观决定、指定艺术创作。这在原则上也没有错。因为归根到底艺术家对世界的观点对艺术创作的面貌总是要产生这样那样的影响的。但只承认这一条是远远不够的。因为艺术家的世界观作为他对世界的总观点是理性的层次，而艺术家在艺术创作中所处理的则是感性的有生命的活的对象，直接用理性去宰割感性的对象是不行的。第一,在理性与感性之间缺乏中介,无法相通;第二,硬要用理性去宰割感性的对象,只能把感性的对象变成理性的奴隶或工具,而感性对象的生命力、活力因此完全丧失。所有艺术创作的公式主义、图解主义都由此产生。这就是说,艺术家的世界观是重要的,但只有把世界观下压到感性的层次,其中又有相当一部分下压到无意识的层次,才能与对象的情感世界相通,即在平等的基础上使上述两个情感世界进行搏斗,并通过搏斗达到统一。

莫里亚克说:"小说家从不停止工作,甚至当你看到他在休息的时候。"许多艺术家都有这样的体验,艺术创作不是艺术家坐在桌子旁拿起笔时才开始工作的,一旦创作的种子,落到了他们的心田上,那么不管你在干什么,种子都在萌动。这就是说,艺术家和他的对象的两个情感世界的交涉、搏斗、征服、突进不论艺术家本人是意识到还是没有意识到,也不论艺术家是处在清醒状态,还是处在睡梦状态,都从未停止过。甚至你身患疾病,连你的疾病也不知不觉被卷入到你的创作中去。福楼拜有病,他的创作就自然而然地同疾病结合起来,陀思妥耶夫斯基有癫痫病,那么,他笔下的人物性格就神不知鬼不觉中具有一种特殊的神秘性。另外,艺术家面对创作中遇到的问题,可能好几年解决不了,可在某个特殊时刻,会突然获得灵感,在几秒钟内就解决了好几年解决不了的问题。这一切都说明艺术家心灵里的血肉搏斗是在无意识中进行的,同时也说明许多艺术家为什么对自己心灵里的搏斗毫无觉察。

人的无意识是一个广阔的天地。就像德国作家约翰·瑞希特所说:"无意识是我们心灵中的一块最大的区域,是我们内心的非洲大陆(指神秘的、未知的),它那未被认识的边界伸到了无限远的地方。"人在意识领域里充满斗争,这是我们每个人都深有体会的。其实,在无意识领域更是充满斗争,只是它在意识之外,所以不易为我们所觉察罢了。我们说在艺术家创作中,自己的情感与对象的情感的搏斗主要在无意识中进行,这是可以找到根据的。最典型的实例是巴尔扎克和曹雪芹。正如大家所熟知的,恩格斯曾说过:"巴尔扎克在政治上是一个正统派,他的伟大作品是对上流社会必然崩溃的一曲无尽的挽歌;他的全部同情都在注定要灭亡的那个阶级方面。但是,尽管如此,当他让他所深切同情的那些贵族男女行动的时候,他的嘲笑是空前尖刻的,他的讽刺是空前辛辣的。而他经常毫不掩饰地加以赞赏的人物,却正是他政治上的死对头,圣玛丽修道院共和党英雄们,这些人在那时(1830—1836年)的确是代表人民群众的。这样,巴尔扎克就不得不违反自己的阶级同情和政治偏见;他看到了他心爱的贵族的灭亡的必然性,从而把他们描写成不配有更好命运的人;他在当时唯一找到未来的真正的人的地方看到了这样的人,——这一切我认为是现实主义的最伟大胜利之一,是老巴尔扎克最重大的特点之一。"[①]这一段话一直使人困惑不解。长期以来,人们做出了各种各样的解释,但都不能令人满意。如果我们用上述观点来解释,问题就迎刃而解了。试想一下,作为艺术家的巴尔扎克在创作之时,如果自己的情感与对象的情感的交涉和搏斗是在意识领域里进行,那么他必然会以他早已形成的立场、观点和清醒的理智,去同情他心

[①]《马克思恩格斯选集》第4卷,人民出版社1972年版,第463页。

爱的贵族们,去嘲笑他的死对头——圣玛丽修道院的共和党的英雄们,他一定会坚持他的偏见。但所幸的是巴尔扎克与其对象的情感交涉、搏斗是在无意识中进行的,这样他构思中的人物就会顽强地坚持自己情感的运动轨迹,按自己的意志行动,他们甚至起来抵抗、推翻艺术家对他们的调遣。也就是说,在无意识的这场殊死的斗争中,人物突进到巴尔扎克的灵魂里,既修正了他的构思,也改变了他的偏见。这就是在艺术家巴尔扎克身上发生的事。同样,曹雪芹在《红楼梦》中所写的那些人物,包括贾母、贾赦、贾政、王夫人、王熙凤,等等,都是他生活中的至亲的人,他应该是同情他们的,对宝、黛的反叛拆台行为未必那么赞赏,但由于在创作中他与其对象的情感交涉、搏斗在无意识中进行(这是长达十年的持久战),所以他在不知不觉中就嘲笑、批判了他的至亲,而对不肖子贾宝玉倒寄予了深切的同情。卢卡奇在《巴尔扎克和法国现实主义》一书中曾表达了这样的思想:一个能够控制其内在形象形成的艺术家,不能成为一个真正的现实主义者和一个真正的作家。内在形象的形成,是一个与有意识的目的、目标和世界观无关的过程。创作者对现实关系的把握,不是有意识的把握,而是自动地本能的把握。剥夺创造中的无意识活动就等于完全取消创造,当形成的内在形象与作家的偏见或神圣的信条发生冲突时,他们就毫不犹豫地把这些偏见和信条抛弃,而去描写他真实看到的东西。这是卢卡奇在其理论活动中所把握到的真理性的东西。他的话清楚地说明了艺术家与其对象的情感交涉、搏斗,的确是隐蔽地在无意识中进行的。

当然,我们不否认世界观对创作的指导作用,但世界观作为显意识只能触及对象其情感的表面,必须通过无意识领域的活动作为中介,意识才能或多或少发生作用。斯坦尼斯拉夫斯基曾说过:"创作工作只是部分地意识控制之下及其直接影响之下进行的。它有很大一部分是下意识的、不随意的。这种工作只有最高明的、最有天才的最精细的、不可企及的、神通广大的艺术家——我们的有机天性才能得到。任何最精湛的演员技术都不能和天性相比。在这方面它是权威。"他还说,艺术的任务"在于有意识地间接地唤起并诱导下意识去创作。所以作为我们体验艺术的主要基础之一的原则是'通过演员的有意识的心理技术达到天性的下意识的创作'(通过意识达到下意识,通过随意的达到不随意的)。我们把一切下意识的东西都交给天性这魔法师,我们自己就去采取我们所能达到的途径——有意识去进行创作和采用有意识的心理技术手法好了。这些手法首先教导我们,当下意识开始工作的时候,我们就不要去妨碍它。"①斯坦尼斯拉夫斯基把艺术创造中意识与无意识的关系讲得很辩证,但他强调的是无意识和不随意活动。实际上,许多艺术难题,特别是艺术家与对象的情感交涉、搏斗只有在无意识中才能得到完美的解决。著名诗人谢灵运的最有名的诗句是《登池上楼》中的"池塘生春草,园柳变鸣禽"。可这个名句是怎样产生的呢?据钟嵘《诗品》中记载:

  《谢氏家录》云:康乐每对惠连(惠连是谢灵运的弟弟——引者),辄得佳语。后在永嘉西堂,思诗竟日不就,寤寐间,忽见惠

---

① 斯坦尼斯拉夫斯基:《演员自我修养》第一部,中国电影出版社1985年版,第27页。

连,即成"池塘生春草"。故尝云:"此语有神助,非我语也。"

此类梦中得佳句,偶然通文思,不经意间获得创作突破的例子甚多,我们统称之为灵感爆发。灵感作为最佳创作心态与人的无意识活动有密切的关系。灵感之所以往往出现在人们精神极度放松之际,是因为此时意识的作用相对缩小,而人的第二信号系统对情感、想象活动的控制也就放松了,这样无意识就大显神通,艺术家与对象的情感交涉、搏斗加紧进行,并带领着艺术家寻找新的思路,新的意象,所以有人说"灵感是潜意识的工作在意识中的收获"(朱光潜)。当然,我们不能否定这样一点:在真正的艺术家那里,灵感之所以会光顾他,无意识在无人监督的条件下之所以会全力工作,有赖于他人格力量的伟大,创作个性的优越,艺术功底的深厚,以及平时苦心的思索和追求。这一切都在不知不觉中诱发着无意识,激发着灵感。没有这些前提条件,无意识、灵感对他都是无缘的。然而无意识对艺术创作而言,对艺术家与其对象的情感交涉、搏斗而言,毕竟是十分重要的。

(原载《文艺理论研究》1989 年第 5 期)

论艺术想象的意向性和认识性

一

作家创作的过程,从某种意义上说就是艺术想象的过程。关于艺术想象,尽管人们已经做过许多研究,但至今仍然是艺术心理学中一个比较深奥的领域。它的奥秘远远未被深刻地揭示出来。当然,在这个问题上最有发言权的是作家,因为他们的工作就是艺术想象,他们最清楚艺术想象是怎么回事。然而他们在描述艺术想象的心理状态时常常是矛盾的。甲说,在艺术想象进入最佳状态时,笔下的人物常常会违反作家本人的意愿,自己行动起来,而不听作家的指挥。乙说,不,在艺术想象的翅膀真正腾飞之际,作家决不会受役于自己的人物,作家始终是自己笔下的人物的主人。

例如,列夫·托尔斯泰在一位读者埋怨他让安娜·卡列尼娜卧轨自杀太残忍时解释说:"这个意见使我想起了普希金的一件事情,有一次,他对他的一个朋友说:'你想想看,达吉雅娜跟我们开了多大一个玩笑,她结婚了。我万没有料到她会这样'。关于安娜·卡列尼娜我也完全可以这样说。一般说来,我的男女主角们,有时跟我开的那种玩笑,我简直不大欢喜!他们做那些在现实生活中应该做的,和现实生活中常有的,而不是我愿意的。"①这就是说,作家笔下的人物可以独来独往,按自己的意志行事,而不管作家本人愿意不愿意。很明显,在普希金和托尔斯泰这里是人物起来指挥作家。然而艺术想象过程中此种心态在果戈理那里似乎从未有过。恰好相反,果戈理在创作中始终是牢牢控制住自己笔下的人物的,他在《作者自白》中写道:"我的人物的完全形成。他们的性格的完全丰满,在我非等到脑子里已经有了性格的主要特征,同时也搜集足了每天在人物周围旋转的所有零碎,直到最小的胸针,一句话,非等到我从小到大,毫无遗漏地把一切都想象好了之后不可。"②很明显,果戈理既然从小到大一切都构想好了,甚至连人物别什么胸针都构思好了,那么写作时自然就按既定的构思办理,决不会出现作者受役于人物的情形。

这种完全不同的创作心理描述在中国现代作家中也可以找到实例。吴强在谈到《红日》的人物形象的创造时这样说:"与其说我创造了人物形象,倒不如说是我跟着人物走的。沈振新夜审俘虏张小甫,批评刘胜的骄傲情绪以后,把自己的夹绒大衣送给刘胜……石东根

---

① 见《世界文学》1961 年第 2 期第 10 页。
② 魏列萨耶夫:《果戈理是怎样写作的》天津人民出版社 1982 年版,第 39 页。

在莱芜大捷以后醉酒纵马。受了批评以后,上缴手表等战利品,发誓戒酒。在部队转移到鲁南敌后的路上,因为心情苦恼,又吃了老大爷家的一杯酒……这也都是人物自己的思想行动。我以为,一个作家没有权利按照自己的意图去随意支配人物……让作者的自由限制了、侵犯了人物的自由,随意地支配人物的思想行动,那就必然使客观的存在为作者的主观意图所代替……作者写书,要对读者负责,但应当最先对所写的人物负责,尊重人物的自由,而不应当对人物有丝毫的委曲;任情摆布,是更不许可的。"[1]显然,吴强在这里强调的是艺术想象过程中人物按自己的性格逻辑行事,应尽可能避免作者的任情干预,随意摆布。然而,姚雪垠在谈到自己的创作体会时,这种创作心理状态是不存在的。他说:"我从事文学创作实践活动数十年……对人物无能为力、任人物自由活动的奇妙现象,一次也没有遇到过。""伟大作家也是始终驾驶着他们的作品的创作过程","作家并没有'受役于自己的人物',而始终是小说人物的主人"。"我始终牢牢地驾驭着我的人物,甚至连个别地方最细微的细节处理,都按照我多年来考虑成熟的计划完成。只有这样,才能达到我自己的美学要求。这是我的创作实践,是千真万确的事实。"[2]显然,姚雪垠的体会与吴强的体会是完全不同的,他强调的是作家对笔下人物的牢牢的控制力。

---

[1] 吴强:《写作〈红日〉的几点感受》,《读〈红日〉,赞英雄》作家出版社,第106—108页。
[2] 姚雪垠:《创作实践和创作理论》,《红旗》1986年第21期,第26—37页。

更令人困惑不解的是,同一作家谈创作体会,可以一会儿说作家始终是人物的主人,一会儿仿佛又说,人物是作家的主人。例如法捷耶夫,他一方面说,"如果作过酝酿并且经过深刻思考,那么在写作过程中的变动就不会怎么大"。似乎所写的一切都由作家牢牢地驾驭着、控制着。另一方面在谈到他的名著《毁灭》的创作时却又说,"照我最初的构思,美谛克应当自杀,可是当我开始写这个形象的时候,我逐渐逐渐地相信,他不能也不应该自杀"。"在作者用最初几笔勾画出主人公的行为、他们的心理、外表、态度等等之后,随着小说的发展,这个或那个主人公就仿佛开始自己来修正原来的构思,——在形象的发展中仿佛出现了自身的逻辑"。"在某种程度上他自己就会带领着艺术家向前走"①。

我不认为作家们在描述自己的创作心理时是故弄玄虚。他们无论这样讲或那样讲,我相信他们讲的都是真实的。问题在于我们如何去解释这些相互矛盾的描述。

在我看来,艺术想象作为作家主体意识活动的区域,形成了一个"力场",在这个"力场"内,产生了两种不同的心理的力。

一种是描写对象的力。描写对象的力顽强地要以本身固有的性格逻辑作为运动轨迹,力图摆脱作家的控制。正如高尔基所说:人物的性格一旦形成,"他们每一个都有自己的生物学上的意志"。因此,作家无权"暗地里告诉主人公叫他该如何做",当作家"强奸了自己主

---

① 法捷耶夫:《和初学写作者谈谈我的文学经验》,见《外国作家谈创作经验》下,山东人民出版社 1980 年版,第 760、767 页。

人公的社会天性,强迫他说别人的话和完成那根本对他们不可能的行为,他就是糟蹋了自己的材料"①。所以凡是追求艺术真实性的作家,都不能不受描写对象的力的制约。这种情况不仅是普希金、托尔斯泰、莫里亚克、吴强等三五个作家说过,还有许多作家都谈到类似的体会。例如海明威在回答"主题,情节,或者人物都是随着你在进行的时候而改变吗?"这个问题时说:"有时候你知道这个故事。有时候你在进行中才把它构成,而不知道结果将是怎样出来。"②所谓"不知道结果将是怎样出来",即是说故事的结果将由人物的性格逻辑自己造成,作者不得不尊重人物自己的选择。福克纳是美国富于主观性的现代派作家,可连他也这样说:"……我写的书里总有那么一个节骨眼儿,写到那里书中的人物会自己起来,不由我作主。而把故事结束了——比方说,写到 275 页左右结束。"③巴金也说过:"我常常说我的人物自己在生活,有些读者不太了解。然而这的确是事实,比如我开始写《秋》的时候,我并没有想到淑贞会投井自杀,我倒想让她在 15 岁就嫁出去,这倒是更可能办到的事。但是我越往下写,淑贞的路越窄,写到第 39 章(新版第 42 章),淑贞向花园跑去,我才想到了那口井,才想到淑贞要投井自杀。"④看来,淑贞投井自杀,并非作家的愿望,而是人物的自主选择。对于描写对象的力谈得最"玄"的

---

① 高尔基:《我的创作经验》,《苏联作家谈创作经验》,中国青年出版社 1959 年版,第 5 页。
② 《海明威谈创作》,三联书店 1986 年版,第 46 页。
③ 《福克纳谈创作》,《福克纳评论集》中国社会科学出版社,第 261 页。
④ 巴金:《谈〈秋〉》,见《中国现代作家谈创作经验》(上),山东人民出版社 1980 年版,第 241 页。

是苏联作家薇拉·潘诺娃,她说:"我的人物总是好像在做我没有规定他们要做的事情,在诉说他们自己心里而不是我心里所产生的思想感情。他们自己创造小说的情节和结构,在最意想不到的时候进入小说,好像没有敲门便闯了进来似的,而和最出于我意料之外的人结婚。甚至有的冲突并不出于我的制造,显然是由于分歧的性情而发生,这种性情是由我事前所没有能够领悟的。"①我之所以不厌其烦地罗列这些材料,旨在强调作家艺术想象的"力场"中描写对象的力是确实普遍存在的,并不是某个理论家杜撰出来的。一颗种子若是已经播到了地里,而又有足够的阳光和雨露,那么它就要顽强地按大自然赋予它的本性生根、发芽、开花、结果,连压着它的大石头也无法抑制它的这种力。作家笔下的人物就像那播到地里的种子一样,主要按社会历史赋予他的性格顽强地按自己应有的轨迹运转。作家要是想随意摆布它,甚至把它当傀儡来对待,那么势必违背人物固有的性格逻辑,而使创作归于失败。在当代文学的创作中,那种一厢情愿地按作家自己的意图,让人物说他不想说的话,做他不想做的事,完全不尊重人物的自主性的现象,难道还少吗?

但是,在艺术想象的"力场"还有另一种力,这就是作家的审美理想、趣味等所凝聚而成的艺术追求。这种艺术追求作为一种力在具体的创作中表现为作家的创作意图。而创作意图总是具有某种定向性的,它力图引导、控制和规范描写对象。例如雨果有他独特的审美

---

① 薇拉·潘诺娃:《谈我的创作》,《苏联作家谈创作经验》中国青年出版社 1959 年版,第 110 页。

追求,他曾说:"滑稽丑怪作为崇高优美的配角和对照,要算是大自然给予艺术的最丰富的源泉""崇高与崇高很难产生对照,人们需要任何东西都要有所变化,以便能够休息一下,甚至对美也是如此。相反,滑稽丑怪却似乎是一段稍息的时间,一种比较的对象,一个出发点,从这里我们带着一种更新鲜更敏锐的感受朝着美而上升。鲵鱼衬托出水仙;地底的小神使天仙显得更美。"[①]。雨果的这种艺术追求是在长期的生活实践中形成的,具有稳定性。因此当他动手去创作作品时,这种艺术追求就很自然地转化为具有定向性的创作意图,主要按这个意图去引导、控制、规范他笔下的艺术形象。不难看出,他的《巴黎圣母院》、《悲惨世界》等巨著中的人物形象,都统统被纳入美、丑对比的艺术框架内。他在《巴黎圣母院》中着力塑造的敲钟人加西莫多身上,竟实现了外丑内美的统一,尤能说明雨果坚定贯彻他的创作意图,以自己的美学理想牢牢地控制着、规范着他的人物的外在的和内在的东西。由此看来,在一个成熟的作家那里,他在长期的生活和艺术实践中所形成的艺术追求,作为创作"力场"中的另一种力,同样也是顽强的。

创作"力场"中两种不同的但却是顽强的力碰撞到一起,必会产生巨大的矛盾运动。一方要引导、控制、规范,力图实现自己的美学追求;一方则反控制,力图摆脱另一方施加它的规范,并要按自己的性格逻辑行事。而作家的艺术想象活动的任务就是要调和、克服这

[①] 雨果:《〈克伦威尔〉序》,《雨果论文学》,上海译文出版社 1980 年版,第 35 页。

两种力之间的矛盾,或改变其中的一种力的作用方向,合两种不同的力为一种方向一致的新的力,以打通创作之路,完成创作过程。

二

关于艺术想象"力场"中两种不同的力的矛盾斗争的观点,我们可以从心理学的角度加以考察。

人们在生活实践中完整的心理活动是由认识活动(指狭义的认识,下同)和意向活动两个方面所构成的。艺术想象作为作家的创作实践活动也是由认识活动和意向活动两个不可分离的部分构成的。应该着重指出的是,认识活动和意向活动是性质不同和走向不同的活动。

认识活动是人们对客观世界的反映活动,如回想、联想、思考、判断、推想等都属于认识活动。"认识活动要解决主客观之间的矛盾,是由于主观不符合于客观实际,对客观缺乏知识所构成的矛盾。通过认识活动,使主观在一定程度内反映客观,使主观转化为符合客观实际,使客观表现于主观之中……在这里的矛盾中,客观是主要的、支配的方面,主观是次要的、从属的、受支配的方面,新产生的转化主要是使主观转化为符合客观实际。"[①]在艺术想象活动中,认识活动就表现为描写对象对作家的支配和引导上面。这就是说,作家笔下的艺术形象虽然是在艺术想象中虚构出来的,但如果它的性格逻辑

---

① 潘菽:《心理学札记》上册,人民教育出版社1984年版,第11、12页。

一旦形成,它就成为了作家的认识的对象,仿佛成为了有生命的客观实体,它的运转的轨迹就具有了不以人的意志为转移的必然性。譬如,安娜·卡列尼娜最后卧轨自杀,是人物必然的性格逻辑和命运逻辑所决定的,尽管她当时完全可以跟渥伦斯基结婚并出国,但在那种情势下,自杀是人物自己必然的选择。这样,安娜·卡列尼娜作为一个认识对象对于作为认识主体的托尔斯泰来说,就成为主要的、支配的方面,而托尔斯泰反成为了次要的、从属的、受支配的方面,他不得不"受役于自己的人物"。人物形象的客观性格和生活道路既然已经形成,那么作家的任务就只能去熟悉、体验、理解自己的人物,跟着人物走,受人物的指挥,并使自己的主观愿望(如审美理想、艺术追求等)转移到人物自身的运动中去。由此不难看出,在创作中所出现的仿佛人物带领着作家、指挥着作家的心理状态,正是由艺术想象中的认识性所决定的。

意向活动与认识活动不同,它是人们对待客观世界的一种对待活动,如注意、欲念、意图、计划、构思、谋虑等都属于意向活动。"意向活动要解决的主客观之间的矛盾是客观不适合于主观意欲所构成的矛盾。通过主观的意向活动和意向活动向客观过渡的行动,使客观在一定程度内顺从主观,使客观转化为适合于主观的意欲,使主观意欲体现于客观之中……在这里所说的矛盾的解决过程中,主观的意向方面是主要的、支配的方面,客观的事物方面是从属的被支配的方面。"①人的意向活动是人区别于动物的重要标志之一。关于这一

---

① 潘菽:《心理学札记》上册,人民教育出版社1984年版,第11、12页。

点,马克思在《资本论》中说得很清楚:"蜜蜂建筑蜂房的本领使人间的许多建筑师感到惭愧。但是,最蹩脚的建筑师从一开始就比最灵巧的蜜蜂高明的地方,是他在用蜂蜡建筑蜂房以前,已经在自己的头脑中把它建成了……他不仅使自然物发生形式变化,同时他还在自然物中实现自己的目的"。马克思所强调的是,人不同于只有本能活动的动物,人具有自觉和自由意志,人的意向活动是人之所以为人的标志之一。在艺术想象活动中,人的意向活动就主要表现为作家的创作意图对描写对象的支配和引导上面。值得注意的是作为作家意向的创作意图,不是作家一时的心血来潮,也不是凭空的想入非非,而是作家在长期的生活实践和艺术实践中,累积和沉淀下来的意欲,逐渐构成了比较稳定的独特的审美理想和审美趣味,而这种比较稳定的独特的审美理想和审美趣味,在创作中必然要转化为具体的艺术追求和创作意图。如作家对构思中的作品的立意的构想,对作品面貌、情调、韵味、风格的追求,对人物活动轨迹的设计,等等,都属于艺术追求和创作意图之列,它们是作家的意向活动,具有很强的主观性。作家总是要顽强地自觉不自觉地贯彻他的主观意向,使笔下的一切都尽可能向他的主观意向靠拢。南宋马远画山水,总是画山水的一角,"或峭峰直上而不见其顶,或绝壁直下而不见其脚",人称之为"马一角"。他为什么总是画这种"残山剩水"呢?难道当时的山水是他笔下那个样子吗?这是因为他为南宋朝廷苟安一隅不思收复中原感到悲哀和愤怒,他要借画这种只有"一角"的山水来讽刺朝廷,并寄托他的爱国感情,并非当时的山水本来就是这个样子。而这种创作意图即是他的主观的意向性。他笔下的出水面貌即是受他主观意向引导、支配的结果。谈到作家笔下人物活动的轨迹,也可能会有两种以上可供选择的方案,一个从甲到乙,一个从甲到丙,一个从甲到丁……由于作家的人生经验不同,心理结构不同,艺术追求不同,创作意图不同,即主观意向不同,也就会有不同的选择。譬如,王昭君作为一个历史人物其性格、命运都是确定了的。但在文人墨客的笔下,就不得不受制于诗人、作家的主观意向,而向不同的方向走去。李白的《昭君怨》,杜甫的《咏怀三首》(其三),王安石的《明君怨》,欧阳修的《明妃曲和王介甫作》以及马致远的《汉宫秋》,当代剧作家曹禺的《王昭君》,都是写的王昭君,可只需稍加比较,就不难发现在这几位诗人、作家的心中,王昭君的面貌心灵不一样,生活的轨迹也不完全一样,这是各自按照自己的意向——独特的审美理想和审美趣味等——乔装打扮过的王昭君。在这种情况下,"对象是人显示出来的本质,是人的真正的、客观的'我'"①。由此不难看出,在创作中作家始终是人物的主人,作家规范着人物的运动轨迹,正是由艺术想象中的意向性所决定的。

概而言之,艺术想象中的认识活动和意向活动的性质是不同的,前者是客观的,是受对象的必然性所制约的;后者是主观的,是受作家的意欲所制约的。它们的走向也不同,认识活动由客观到主观,要求主观不断地去符合客观;意向活动是由主观到客观,要求客观不断地向主观靠拢。作为完整的艺术构思的艺术想象活动就由这两种性

---

① 费尔巴哈:《基督教的本质》,《费尔巴哈哲学著作选集》下卷,人民出版社,第 30 页。

质不同、走向不同的心理活动构成。当然这两种心理活动不是分离的,它们统一在同一个"力场"中。"场"是一个格式塔心理学概念,它是指人的心理经验规定好的一种情势,尽管心理经验不同,但它们又互相依存,统一在一个"场"内。艺术想象也是一个"场",在这个"场"内,作为心理经验的认识活动和意向活动虽然具有不同的走向,但它们又互相依存、互相制约。"意向总是认识指引之下的意向,而认识总是意向主导之下的认识。没有一定的认识活动指导下的意向活动是没有的。即使在变态的情况下的'梦游'和所谓'无意识'举动等也是如此。另一方面,不在一定的意向活动的主导之下的认识活动也是绝对没有的。"①

当然,正如上面所述,在艺术想象的"力场"内,既然有认识和意向两种不同方向的力,那么艺术想象对作家来说决不是一个平静的过程,而必然是一个内心骚动的矛盾的过程。作家们有时迟迟不敢下笔,或下笔之后像折烙饼一样翻过来覆过去,就是艺术想象中认识和意向两种心理力量相互碰撞的表现。叶蔚林在谈到人物塑造时这样说:"写中篇《在没有航标的河流上》的盘老五时,我努力克制着自己,不要无故地干涉、限制它的行动。它要骂人、打架,由它去,因为它是盘老五。然而,写到盘老五在排上当众脱裤子时,我和盘老五之间展开了一场激烈的限制与反限制的矛盾。我觉得脱裤子不雅观,有伤风化,不让它脱。但盘老五不干,它说它热,它无聊,它要借此排遣、发泄心头的愤懑。于是相持不下,几行字写了又抹掉,抹掉又写

---

① 潘菽:《心理学札记》上册,人民教育出版社 1984 年版,第 13 页。

上,使我整整苦恼了一天。"①你看,作家一方面想按人物客观固有的性格逻辑去写,以反映作家对客观对象的认识;可另一方面又想按自己主观的意图去写,以表现作家自己的意向,这就使作家的心里产生了激烈的矛盾冲突,而"苦恼"则是这种矛盾冲突在情绪上的反映。在我看来,作家在创作过程中出现认识和意向两种心理力量的冲突,是创作的正常现象,甚至是创作成功的某种保证。因为在创作过程中若是缺少这种冲突,就会出现那种纯认识活动或纯意向活动的不良倾向。不受一定意向规范的纯认识活动,会放任人物随意自主行动,使作家失去对描写对象的控制,而流于自然主义。不受一定认识引导的意向活动,会把人物当傀儡,使人物变成作家意欲和观念的传声筒,而滑向图解主义。

在艺术想象中认识和意向两种心理力量的冲突是怎样获得解决的呢?一般地说,在不同思维类型的作家那里解决矛盾的方式是不同的。可以从不同的角度来区分人的思维类型。从思维的意识性的角度说,有的心理学家把思维分成"我向思维"和"现实性思维"。按照弗洛伊德等心理学家的原意,我向思维是一种原始思维方式。这种思维方式属于原始人、幼儿、文化不发达的人和某种精神病患者所有。这种思维方式有两个基本特征:其一,以自我为中心,一切以"我"的感觉为转移,完全脱离客观实际;其二,意识性差,其思维过程缺乏抽象、归纳、综合、分析,而仅凭直觉、想象、幻想等。一般地说,成人的正常思维是现实性思维,它与客观真实具有适应性。如果那

---

① 叶蔚林:《脚踏坚实的土地》,《文艺研究》1983年第1期第44页。

个成人的思维仍然完全是我向思维,那他不是智力太低下,就是得了精神病。但我又以为,在儿童和带有童心的作家那里,他们的思维中带有我向思维的成份,则属于正常现象。我们是否可以这样说,正是根据作家思维方式中含我向思维的多少,人们才把作家分成重再现和重表现的两大类。含我向思维少的作家,其思维方式偏重对客观现实的概括、提炼和描述,反映到他的艺术想象中,就表现为更重视对现实的再现。而含我向思维多的作家其思维方式偏向自我的情感体验,反映到他的艺术想象中,就表现为更重视自我情感的抒发。当然,无论是重再现的作家或重表现的作家在艺术想象中都要解决认识性和意向性之间的矛盾冲突,但解决矛盾冲突的方式是不同的。在我向思维成份少的、重再现的作家那里,由于认识性起着支配的作用,这就必须通过把主观意向转化为符合于客观描写对象的内在逻辑,以消除意向和认识的矛盾。但在我向思维成份较多的、重表现的作家那里,由于意向性起着主导的作用,这样就必须通过把客观描写对象的言行转化为主观意向的运动,以克服意向和认识的矛盾。譬如,写人物的生与死,在重再现的作家那里,不能因作家自己希望某个人物活下去(意向),就硬把必然要死的人物救活。托尔斯泰写安娜·卡列尼娜卧轨自杀,巴金写淑贞投井自尽,并非作家残忍,按其本意,托尔斯泰更高兴让安娜活下去,巴金倒更想让淑贞十五岁就嫁出去……但由于他们都是属于重再现的作家,他们只能让自己的意向转化、调整到与生活同步的轨道上去。而在重表现的作家那里,创作意向处在主导的地位,人物的生与死可能就维系于作家的情感定向和创作意向了。汤显祖在《牡丹亭》中让杜丽娘"梦而死"、"死而生",这是多么不符合现实生活的逻辑!可汤显祖解释说:"情不知所起,一经而深,死者可以生。生而不可与死,死而不可复生者,皆非情之至也。"①这说明汤显祖是一位重表现的作家,他同情杜丽娘,憎恨封建礼教,这种意向使他尊重、支持杜丽娘对爱情的执着追求,既让他因情成梦,因梦而死,又让她死后相爱,死而复生。这样,在他的笔下,人物的生与死就不是受生活固有逻辑的制约,而是按作家的意向来决定。客观对象的运动轨迹转化为作家的意向的运动。通过以上分析,我们可以看到,艺术想象中认识和意向两种心理力量的冲突,都必须通过"转化"才能得到解决,但这两种"转化"正好逆向而行。在重再现的作家那里,意向转化为认识,所以从表面上看起来往往是人物指挥作家,作家受役于自己的人物;在重表现的作家那里是认识转化为意向,所以从表面上看起来,是作家指挥人物,作家牢牢地驾驭着人物。

三

关于艺术想象"力场"中两种不同力的矛盾斗争的观点,我们还可以从哲学的角度加以考察。

艺术想象作为一种创作实践活动,其主体是作家,其客体是作家正在艺术处理着的描写对象。尽管描写对象是作家心目中假定的,是一个不占实在空间的幻象,但对作为人类特殊的创造活动的创作

---

① 汤显祖:《牡丹亭题记》。

来说，它不能不是客体。在艺术想象中主体（作家）与客体（描写对象）形成了相互依存的关系。作家如果还没有进入艺术想象过程，他与一定的对象不发生关系，那么此时作家还不是主体。主体是对一定的对象而言的。反之，一定的对象没有进入作家的艺术想象中，不与作家发生关系，那么一定的对象也还不是客体。主体与客体是相对而言的。主体之所以成为主体是因为有客体的存在，反之，客体之所以成为客体是因为有主体的存在。既无主，哪来客；既无客，哪来主。这样，主体是客体的主体，客体是主体的客体。创作活动的实际情况也是如此。意向作为一种力是主体的属性，而认识作为另一种力是客体的属性，可能这两种属性定向不同，但又不可分割。正是主体与客体两种不同的力的互相冲突和互相制约，构成了完整的艺术想象活动。

尤其值得注意的是，在艺术想象中，主体与客体之间的关系不但是相互依存的，而且是相互作用的。而艺术想象的结果——艺术形象——就诞生在主体与客体相互作用中。长期以来，人们用反映论来研究艺术想象和创作构思，认为创作也是一种反映活动，这是正确的。但不能不指出的是，过去对"反映"的含义的理解是不全面的。人们把反映单纯理解为人脑对客观世界的摹写，这种看法只抓住了反映的一个方面，是片面的。因为"反映"不但是人脑对客观世界的反映，同时也是对主体的反映。关于这一点，马克思早就指出过："从前的一切唯物主义——包括费尔巴哈唯物主义——的主要缺点是：对事物、现实、感性，只是从客体的直观的形式去理解，而不是把它们当作人的感性活动,当作实践去理解,不是从主观方面去理解。"①马克思的这段话非常重要,但我们过去却没有完全弄懂。例如马克思这里所说的"从主观方面去理解"是什么意思？我们似乎懂了,其实是不懂。根据我个人的体会,马克思这里所说的"主观"是与上文"客体"相对的,马克思的意思是我们对现实的理解,既要从客体方面去理解,又要从主体方面去理解。换成更通俗的话就是：人对某种现实的反映,既反映客体,也反映主体,是对主、客体的整体反映。因为在反映过程中,人一方面认识现实,一方面又评价现实,即评定某种现实在它对人的关系中所具有的意义。因此,真正的反映只能是主客体相互结合的产物,而不是主体或客体单方面生成的。皮亚杰从发生认识论的角度,比较清楚地揭示了这一点。他认为,认识的发生既不像传统经验主义所假设的那样,所有的认识信息都来源于客体,也不像先验主义所假定的那样,主体一开始就具有一些内部生成的结构,并把这些结构强加于客体。他说："心理发生该分析的初步结果,似乎是与上述这些假定相矛盾的。一方面,认识既不是起因于一个有自我意识的主体,也不是起因于业已形成的(从主体的角度来看)、会把自己烙印在主体之上的客体；认识起因于主客体之间的相互作用,这些作用发生在主体和客体之间的中途,因而既包括主体又包含客体。"②这些话含有深刻的辩证思想,认识的生成不是主、客体任何一方单方面作用的结果,而是双方共同相互作用的结果。在艺术想

---

① 马克思:《关于费尔巴哈提纲》,《马克思恩格斯选集》第一卷,人民出版社 1972 年版,第 16 页。
② 皮亚杰:《发生认识论原理》,商务印书馆 1981 年版,第 21 页。

象这种特殊的反映活动中,情况同样也是这样。主体一方面要熟悉、体验、理解作为客体的描写对象,一方面又要从主体出发评定它对主体所具有的意义。上述两个方面的活动都是主体与客体的交互作用。但特别要注意的是这两方面的活动所构成的主体与客体的关系是很不相同的。前者构成了客体与主体之间的较单纯的认识关系,即主体反映客体,其作用的方向是客体→主体。后者构成了主体与客体的评价关系,即主体在感知客体时优先从自己的需要出发来评定客体对主体的意义,其作用方向是主体→客体。

问题是在创作的艺术想象中,先后或同时实现这两种不同的主客体的相互作用是否可能呢?我认为是可能的。"体验派"大师斯坦尼斯拉夫斯基极力主张演员要完全进入角色,要完全与角色融为一体,但他也不得不承认:"演员在舞台上生活,在舞台上哭和笑,可是他在哭笑的同时,他观察自己的笑声和眼泪。构成他艺术的就是这种双重生活。"①巧得很,意大利著名演员 T. 萨尔维尼也持同样的看法:"当我表演的时候,我过的是双重生活,一方面要哭或者笑,但同时却又要解析我的眼泪和笑,使它们能最有力地作用于我想使之动心的那些人。"②黄药眠教授在谈到这个问题时,又似乎在"双重生活"上加了"一重":"表演艺术家,喜欢谈进入角色。但我认为:表演者既要进入角色,又要不进入角色;既要完全体验他所表演的人物,

---

① 斯坦尼斯拉夫斯基:《演员自我修养》第 1 部,中国电影出版社 1985 年版,第 483 页。
② T. 萨尔维尼:《演员的冲动与抑制》,《"演员的矛盾"讨论集》,第 299 页。

又要不忘记自己是一个表演者,更不要忘记自己是在为台下的观众表演的艺术家。这是表演艺术的三足,三者缺一,就不能达到完满的境界。"①这里所说的演员的"双重生活"、"表演艺术的三足"是什么意思呢?这就是说,演员在舞台上也要恰到好处地处理主体与客体的相互作用问题。对角色而言,演员是主体;对演员而言,角色是客体。真正的艺术表演活动是主体与客体的交互作用。一方面,演员在舞台上要体验角色的情感,完全进入角色,与所扮演的角色融为一体,而把自己忘了,这样他就完全可以真正地像角色一样的哭和笑。这是强调客体对主体的作用,是客体向主体延伸,其作用方向是客体→主体。另一方面,演员又要有常醒的理智,他时刻不能忘记自己是演员,他是在为观众演戏,他对自己所扮演的角色有他自己的独特评价,他在艺术上有他自己的独特追求,他要把握好表演的分寸,他哭和笑的时候,脸孔是朝上还是朝下,头是侧过去,还是不侧过去,这一招一式,都要恰到好处,他能控制自己的表演,他能观察和检查自己的表演。这是强调主体对客体的作用,是主体向客体延伸,其作用方向是:主体→客体。文学创作构思想象中主客体交互作用的情况与表演艺术活动中的情况是基本相同的,所不同的是人们在概括此种情况时的用语不同。在西方,里普斯提出"移情说",布洛提出"心理距离论",前者只强调客体→主体的作用,后者则只强调主体→客体的作用。这都是片面的。王国维提出的"出入说"综合了"移情说"和"心理距离说",从而完整地阐明了文学创作中主体和客体的交互作

---

① 黄药眠:《面向生活的海洋》,花城出版社1981年版,第188页。

用。王国维说:"诗人对宇宙人生,须入乎其内,又须出乎其外。入乎其内,故能写之。出乎其外,故能观之。入乎其内,故有生气。出乎其外,故有高致。"①又说:"诗人必有轻视外物之意,故能以奴仆命风月。又必有重视外物之意,故能与花鸟共忧乐。"②所谓"入乎其内",所谓"重视外物",就是要求作为主体的作家忘记自己,移情于对象,"与花鸟共忧乐",使主体完全被客体所渗透,从而构成"客体→主体"关系。所谓"出乎其外",所谓"轻视外物","以奴仆命风月",就是要求作为主体的作家有清醒的理智和明确的意向,让对象在理智和意向规定的范围内活动,使对象顺从主体,从而构成"主体→客体"的关系。文学创作的想象活动就是主体与客体的完整的双向运动。这两种不同方向的运动必然会有矛盾冲突,而作家的才能恰好就表现在如何解决和调和这种矛盾冲突之中。写到这里,我想起了两千多年前老子的一句话:"常有欲以观其窍,常无欲以观其妙"。这句话不正好说明了我们上面反复讲到的创作心理机制吗?

通过以上分析,我们不难看出,艺术想象中认识和意向两种心理力量的冲突,正是创作主体与创作客体的交互作用过程。认识活动的力是由客体产生的,而意向活动的力则是由主体发出的,认识活动标志"客体→主体"关系,意向活动标志"主体→客体"关系。艺术想象的最后完成是认识性和意向性的矛盾统一,主体和客体的矛盾统一。

(原载《文艺理论研究》1987 年第 5 期)

---

① 王国维:《人间词话》第 60 条。
② 王国维:《人间词话》第 61 条。

李贽的"童心说"及其现代意义

李贽(1527—1602)是中国 16 世纪伟大的启蒙主义的思想家,他的思想学说是中国文化传统的重要组成部分。历史已证明并将继续证明,李贽的思想学说有着属于未来的东西,它无疑可以成为建设现代新文化的一个重要资源。

在文学理论上,李贽提出了"童心说"。本文拟把李贽的"童心说"作为一种创作美学来把握,并将它与现代西方的人本主义心理学有关思想相比较,力图通过这种比较,说明我们应如何正确理解文学的本性,同时也阐述其对当代文学创作的启迪意义。

一、"童心说"的理论假设和美学内涵

"童心说"产生在晚明时期,嘉靖中叶以降,资本主义因素的萌芽发展起来了,商品经济迅速膨胀,城市和集镇也随之繁荣,其结果是

市民阶层的壮大。市民阶层要求有自己的文化形态,这就是自我意识的觉醒,对个性解放的憧憬,对世俗生活的肯定,等等。一个新的世界展现在人们的眼前,这也可以说是社会的转型期。在这样一个转型期,作为当时封建统治阶级的精神支柱的理学,再也维系不住人心,王阳明心学,特别是王艮、李贽的激进思想不胫而走。李贽的"童心说"就在这股思想潮流中作为程朱理学的对立面应运而生,这是历史的必然,也是当时文学发展的必然。

"童心说"的理论基础是人的自然本性论。它的第一个基本理论假设是,人的自然本性倾向于真,所以李贽在《焚书·童心说》一文中,肯定"童心",认为"童心"作为"心之初",是"最初一念之本心",这是未被外在的环境所污染的,它"绝假纯真",作家若是能保持着"童心",就保持了倾向于真的自然人性,因此,他认为"苟童心常存,则道理不行,闻见不立,无时不文,无人不文,无一样创制体格文字而非文者。"① 这就把"童心"看成是作家进行文学创作的最佳审美图式,看成是创作的最佳准备。反之,"童心"一旦被蒙蔽,人性中倾向于真的态势也就改变,人就成为假人,人既然是假的,那么无论干什么都假,创作也必然是虚假的。"童心说"的第二理论假设是,作为创作的最佳准备的"童心"的丧失,是由于理学及其传播所造成的,李贽说:"然童心胡然而遽失也?盖方其始也,有闻见从耳目而入,而以为主于其

---

① 李贽:《童心说》,见《李贽文集》第一卷,社会科学文献出版社 2000 年版,第 91—93 页。

内而童心失。其长也,有道理从闻见而入,而以为主于其内而童心失……"①这里所说的"道理"是指宋明理学一类的教条,这从他的著作中对宋明理学的厌恶中可以推见,所谓"闻见"则是指在理学思想统治下的人们关于"三纲五常"的文化适应,也可以说是宋明理学系统的社会性普及。这就不难看出,李贽认为,作为儒学的精致化的理学一旦进入人的心中,并成为占主导地位的思想时,"童心"也就被蒙蔽或完全丧失了。

这两个理论假设可以归结为一点,就是人的自然本性的复归。返回自然这一核心思想使"童心说"的丰富的美学内涵显露出来:

第一,贵真反假。文学艺术要求真善美,但在中国的文论传统中,不同的学派在真与善问题上各有偏重,儒家以善为美,孔子论《诗》特别标举"诗无邪",强调"兴观群怨"和"事君"、"事父",把"善"作为衡量文学的首要标准。道家以真为美,老庄崇尚自然,因此对人对事,都讲一个"真"字,庄子说:"无以人灭天,无以故灭命,无以得殉名,谨守而勿失,是谓反其真。"(《庄子·秋水》)不以人杀灭天性,就能返璞归真,"真"在道家是人生的最高境界。在真与善之中李贽更强调"真"的意义。他说:"夫童心者,真心也。若以童心为不可,是以真心为不可也。夫童心者,绝假纯真,最初一念之本心也。若失却童心,便失却真心;失却真心,便失却真人。人而非真,全不复有初矣。"作家应是"真人",他们创作出来的文学当然也以"绝假纯真"为标准。

---

① 李贽:《童心说》,见《李贽文集》第一卷,社会科学文献出版社 2000 年版,第 91—93 页。

这里值得指出的是,从学术的背景上看,李贽把"童心"解释为"真心",除了融汇了道家的思想外,还受李贽深爱的佛禅思想的影响。禅学讲,人的佛性与生俱来,这就是所谓的"本来心",但人落入尘世后,为外物所诱惑,喜功名利禄,"本来心"就被障蔽了,所以必须以涤除外尘,恢复"本来心",以达真实境界,作为居士的李贽,他的"童心说"及其贵真的要求,肯定受到佛禅的启发。但考虑到李贽又是一位充分肯定世俗生活的人,他的真实不是那种排斥各种人生欲望的空明境界,所以与佛禅又不完全相同,他的真实观还受王阳明泰州学派的"百姓日用即道"等理论的影响。尤其需要指出的是,他认为"童心"就是真心,是有感而发,有鲜明的现实针对性。李贽生活的时代,封建主义的统治已摇摇欲坠,只能靠自欺欺人过日子,到处都是假,所谓"满场皆假"。文坛上也是"假人言假言文假文"的局面,特别是那些理学家以"剿袭语录"为荣,"窃盗掏摸汉子"很多。李贽提出"童心说",贵真实,反虚假,也是为当时的社会和文坛"打假"开出一帖药方。

第二,重情轻理。情感是文学的生命,这一点,是中国古代文论的一个传统,刘勰说:"情者文之经",可以说是总结了一条创作的规律。创作要有感而发,不能无病呻吟,这也是古人反复谈到的,司马迁的"发愤著书"说,韩愈的"不平则鸣"说,都强调情郁结于心而生诗文的问题。李贽继承这一传统,他说:

> 且夫世之真能文者,比其初皆非又意于为文也。其胸中有如许无状可怪之事,其喉间有如许欲吐而不敢吐之物,其口头又

时时有许多欲语而莫可以告状之处,蓄极积久,势不能遏。一旦见景生情触目兴叹,夺他人之酒杯,浇自己之垒块,诉心中之不平,感数奇于千载。既已喷玉唾珠,昭回云汉,为章于天矣,遂亦自负,发狂大叫,流涕恸哭,不能自止。宁使见者闻者切齿咬牙,欲杀欲割,而终不忍藏于名山,投之水火。①

这是一段很有名的话,作家必须是在现实生活中有各种遭遇,心中有种种郁结,喉中有要吐之物,甚至已达到不能不吐不能不语的地步,这时一旦见景生情,有外部媒介的引发,就必然像大水之决堤,火山之爆发,感情之流不可遏制,必然形诸笔墨,发为诗文。但创作要有感而发,是前人早指出过的,李贽的贡献不在这里,而在从"童心"说出发所提出的,与传统观点不同的自然感情美的问题上:

盖声色之来,发乎情性,由乎自然,是可似牵合矫强而致乎?故自然发乎情性,则自然止乎礼义,非情性之外复有礼义可止也。惟矫强乃失之,故以自然之为美耳。(《读律肤说》)

在感情的表现上,中国传统美学观是"发乎情止乎礼义",也就是说感情的表现要受"礼义"的制约。李贽所强调的是,文学作品中的感情是童心所产生的自然的感情,自然的感情本身就是美的,它来不

---

① 李贽:《杂说》,《李贽文集》第一卷,社会科学文献出版社 2000 年版,第 91 页。

得任何的"牵合矫强",更无须"礼义"从外部来加以约束。"非情性之外复有礼义可止",也就是说理在情中,自然的情性必然会合乎"礼义"。李贽公然对几千年以来的"发乎情止乎礼义"的传统提出了挑战。

第三,尊今卑古。在明代中叶的文学发展中,先后出现了两次复古主义倾向,先有李梦阳、何景明为首的"前七子",后有王世贞、李攀龙为首的"后七子",他们的理论和实践是"文必秦汉,诗必盛唐",尊古卑今成为时尚,如果说在"前七子"时期,他们的复古倾向还对明代的流行一时的多为粉饰太平的文风孱弱的"台阁体"起到一些起衰救弊作用的话,那么,其后的复古主义浪潮,对古典的文学模式亦步亦趋,流弊严重,就只能对文学的发展起阻碍作用了。李贽提倡"童心说",其重要的美学内涵之一,就是尊今,反复古,因为"童心"是面对现实之心,是能感受现实之变化之心,接受变化,以今为美,是童心一大特点,所以李贽说:"天下之至文,未有不出于童心者焉者也……诗何必古选,文何必先秦。降而为六朝,变而为近体;又变而为近体;又变而为传奇,变而为院本,为杂剧,为《西厢曲》,为《水浒传》,为今之举子业,皆古今之至文,不可得而时势先后论也。故吾因是而感于童心者之自文也,更说什么《六经》,更说什么《语》、《孟》乎?"(《童心说》)只要有了童心,随手写出的文章,就可能写人所未写,发人所未发,因为这里所写的只是你自身感悟到的东西,最能体现你自己的个性,所以以我手写我心的就自然是至文。童心的"自我"性,使它与一切依傍相对立。真正的创作不必依傍什么古人古文,更不必依傍《论语》、《孟子》。它只需面对现实。

第四，崇"化工"贬"画工"。这个问题可以追溯到庄子提出的"天籁"、"人籁"和"地籁"的说法，庄子说："汝闻人籁而未闻地籁，汝闻地籁而未闻天籁夫。"（《庄子·齐物》）在庄子看来，"地籁"不如"人籁"，"人籁"又不如"天籁"，"天籁"作为无任何约束的、发自事物内在本性的音响，是众籁中最高层次。李贽从他的"童心说"出发，强调"本色"，提倡艺术表现中的与"天籁"相似的"化工"，他说：

《拜月》、《西厢》，化工也；《琵琶》，画工也。夫所谓画工者，以其能夺天地之化工，而孰知天地之无工乎？今夫天之所生，地之所长，百卉具在，人见而爱之矣，至觅其工，了不可得，岂其智固不能得之欤！要知造化无工，虽有神圣，亦不能识化工之所在，而其谁能得之？由此观之，画工虽巧，已落二义矣。文章之事，寸心千古，可悲也夫。（《杂说》）

所谓"化工"，是自然造化之工，意思是说在艺术表现中不作意，不经心，信手拈来，不刻意雕琢，虽出自作家手笔，却不露斧凿痕迹，保持造化本色。这种艺术表现正是童心之所见所感所描，与童心的赤诚品质相对应。而画工，由于它刻意雕琢，由于它不出自童心，所以尽管可以精巧异常，也不可能达到"造化无工"的地步所以已落入二流。《拜月》、《西厢》以自然的艺术手段，表现人的本性，所谓"意者宇宙之内，本自有如此可喜之人，如化工之于物，其工巧自不可思议。"《琵琶》则人为的手段，表现所谓的"全忠全孝"的封建的伦理道德，虽百般精巧也失去本色。

"童心说"的核心思想是肯定人的自然本性,这种人的自然本性具有趋真、趋情、趋今、趋自然造化的特性,所以李贽的"童心说"内在地包含了上述内涵就完全可以理解了。这样,肯定人的自然本性就是贯穿童心说全部美学内涵的一根红线。

二、李贽的"童心说"与马斯洛的"第二次天真"说

李贽的"童心说"及其理论基础,与西方的人本主义心理说,完全是不同历史时期、不同国度、不同文化语境的产物,但它们的从基本理论假设到具体的论点都有相通和相似之处,这不能不说人类的确存在某些共同的普遍的思想追求,这种现象应该进入我们的学术视野。

李贽生活于 16 世纪,其时西方的文艺复兴运动正方兴未艾,虽然那时中国与西方还基本上处在隔绝状态,但东西方先进的人们,在强调人的价值与尊严这一点上,还是声气相通的。李贽的"童心说"的基本的理论假设,可归结为一句话,就是对人和人性的觉醒和肯定。李贽从不把那些儒家的教条神化,把它摆到人和人性的美丽之上;相反他总是肯定人和人性的重要,他有一段很著名的话:

> 夫天生一人,自有一人之用,不待取给于孔子而后足也。若必待取足于孔子,则千古以前无孔子,终不得为人乎?故为愿学孔子之说者,乃孟子之所以止于孟子,仆方痛憾其非夫,而公谓我愿之欤?(《答耿中丞》)

李贽在这里提出的"夫天生一人,自有一人之用"的观点,也就把人当人来看。人不必在孔子那里学到一套才成为完美的人,孟子一辈子学孔子,也算不上是大丈夫。人就其本性而言是自主的有为的。李贽反对按官阶的高低、性别的分别、道德的高下,把人分成三六九等,说:"尧舜与途人一,圣人与凡人一。"(《明灯道古录》卷上)又说:"谓人有男女则可,谓见有男女岂可乎?谓男子之见尽长,女人之见尽短,又岂可夫乎?"(《焚书·答以女人学道为见短书》)在李贽看来,人之初始都是一样,人的本性都是趋于真与善的,后来人在成长过程中,在社会化过程中,道德的高下,见识的长短等区别,是后天的社会环境、教育、经历等因素作用的结果;而且就人的自然需要也是一样的,都有其合理性,如饮食男女是人的天然的欲望,上至圣贤豪杰,下至庶民百姓,概莫能外。他的"童心说"更是肯定"人之初"和"心之初",充分肯定自然的人性的。这在前面已有说明。总之,李贽反对理学的"存天理、灭人欲",肯定人性的合理性,这种反对用外在的思想神性来束缚人的论点,这种对人的觉醒的呼唤,与西方文艺复兴时期的人道主义思潮遥相呼应,也与兴起于20世纪中期的西方人本主义心理学的理论假设相似相通。

20世纪,随着西方资本主义的高度发展,随着唯科学主义的甚嚣尘上,随着拜金主义的到处流行,社会弊端丛生,人性失落,人的价值失落,成为严重的问题。西方的人本主义心理学作为一种对人的价值和人的尊严关怀的学说,应运而生。他们继承了文艺复兴时期的哲学人道主义思潮,为批判社会的弊病,提出了人性的复归的思想,充分肯定人的潜能是可以而且应该实现的。在现代心理学不同流派的斗争中,他们自称是"第三种势力"。人本主义心理学,既不同意弗洛伊德的精神分析心理学专注于人的"病态""黑暗"和"弱点"方面的研究,又反对华生的行为主义心理学的机械的"刺激——反应"的公式,把人降为"一只较大的白鼠或一架较慢的计算机"。人本主义心理学力图与上述两种心理学划清界限,并以新的理论假设来取代那种忽视人和人性的研究倾向。马斯洛在他的一部重要著作中提出了人本主义心理学的九点理论假设,几乎每一点都肯定人的自然本性,其中第四点说:

> 这种内部本性,就我们迄今对它的了解来说,看来并不是内在、原初,必然邪恶的。基本的需要(对于生存、安全和有保障、有归属和感情、尊重和自尊,以及自我实现的需要),基本的人类情绪,基本的人类智能,从它们表面看,或者是中性的、前道德的,或者纯粹是"好的"。①

第五点说:

> 由于人的这种内部本性是好的,或者是中性的,而不是坏的,所以最好是让它表现出来,并且促进它,而不是压抑它。②

---

① 马斯洛:《存在心理探索》,云南人民出版社 1987 年版,第 1—2 页。
② 同上。

这两点充分说明了人类的内在本性是趋向于好的和善的，因此我们不应压抑它，而是促进它，将"前道德"转化为现实的道德。这种理论假设与李贽的理论假设多么相似。他们都反对人性天生是恶的观点，人的病态、弱点并非是内在人性所固有的，主张自然的内在的人性有一种"前道德"的倾向存在，因此"人之初"和"心之初"是珍贵的，人的自然需要也是合理的，我们的工作是让人的价值与潜能充分地得以实现。用李贽的话说是"天生一人，自有一人之用"，用马斯洛的话说"人的这种内部本性是好的"，"最好是让它表现出来"。在马斯洛那里是反对以病态的、机械的研究把人等同于动物提倡，提倡还人性的本来面目。

更让人感兴趣的是，李贽在上述理论假设的基础上提出了"童心说"，而马斯洛则也在上述理论假设的基础上，在讨论"自我实现"的问题时，提出了"第二次天真"说。李贽的"童心说"我们已作了讨论，但他的学说中存在一个关键问题：即作家已是成人，他已接触了许多"闻见"和"道理"，又如何能重返"童心"呢？也就是说这里存在一个悖论：作家是成人，他已社会化，"童心"已寻找不回来；可作家的创作又需要童心的再现。这个问题李贽已意识到了，但是作家应如何解决这个悖论呢？李贽没有对它作出解释。而人本主义心理学的代表人物马斯洛和罗杰斯则作出了解释。

马斯洛提出了"第二次天真"和"健康的儿童性"的概念对已经社会化了的成人的"自我实现"者（当然包括作家诗人）在创造性时刻的心理作了描述和讨论。马斯洛认为，在创造（包括文艺的创造）的那一刻，出现了二级过程和原初过程的综合，二级过程处理的是意识到的现实世界的问题,如逻辑、科学、常识、文化适应、原则、规则、责任心、理性等,原初过程则是处理无意识、前意识问题,如非逻辑、非理性、不合规则、反常识等,却又有意想不到的独特的创造,按心理学的研究,原初过程最初只是在精神病患者那里看到,随后是在儿童身上,只是到最近才在健康人身上发现。这就是说,创造的时刻,不是单纯的二级过程,也有原初过程参与,不仅有理性,也有非理性参与,不仅有成人的成熟,而且也有儿童的天真,这就是马斯洛所说的"第二次天真"、"健康的儿童性",实际上也就是李贽所说的成人身上的"童心",正是"第二次天真"或者"童心",使作为成人的作家诗人,"既是非常成熟的,同时又是非常孩子气的"①,这看起来是对立的,但文学艺术的创造要的就是这种双重视角,一方面,他以十分成熟的、深刻的、理性的眼光看生活,能够把生活的底蕴揭示出来;但同时他又以儿童般的天真的、陌生的、非理性的眼光看生活,充分地展现生活的充满情趣的方面。所以作家的真正的创作,总是有一种"健康的倒退(复归)",即从二级过程退回原初过程,从意识退回到无意识,从现实原则退回到快乐原则,或者说这是一种"溶合",正是这种"倒退"或"溶合"消除了上述的悖论,从而进入了创造的境界。

罗杰斯是人本主义心理学的另一位代表,他虽然没有直接提出"童心"这样的概念,但他在《成为一个人意味着什么?》这篇论文中,从心理治疗的实验中,得出了一些与"童心说"十分相似的观点,同样也是耐人寻味的。在罗杰斯看来,许多人常常找不到自己,因为真实

---

① 马斯洛:《存在心理探索》,云南人民出版社1987年版,第87页。

的自己被一个又一个虚假的面具遮蔽住了,"他发现,他在许多时候是按照自认为应该的那样去生活,而不是根据他本身的要求。他常常感到自己只是应别人的需要而生存在世,他似乎根本没有什么自我,他只是试图按照别人认为他应该的那样去思维、感受和行动罢了。"①这也就是失去了"童心",他只能以面具的眼光去看世界,"如果感官的信息与自我的组织模式有矛盾,这些信息就只能在意识中遭到歪曲。换句话说,我们只能容纳那些符合预先存在我们心中的图像的东西,而不能如实地接受全部感官信息。"②所看到的只是人们也看到的同样的东西。罗杰斯认为,人要"真正变成我自己",就必须"从面具后面走出来",用李贽的话来说,就是抛开"闻见"与"道理",找回"童心",找回"最初一念之本心",这样他们就能"对经验开放","他们变得更易于了解源于自身机体内部的情感和态度,同时也变得更能认识周围的客观现实,而不是以先入之见一味硬套。他们能够看到并非一切树木都是绿的,并非一切男子都像刻板无情的神父,并非一切女性都拒人于千里之外,并非一切失败都证明自己毫无是处……他们可以从新的环境中如实地获得证据,而不是曲解存在,使之符合早已持有的模式"③。这种"变成我自己的人",与李贽所说的"人之初""真人"是一致的,我们由于葆有一颗童心,不会被先入之见所左右,不会落如套板反应,而能如实地窥见世界的真面目,这也正是一个真正的作家所必须有的品质。

---

① 《人的潜能和价值》,华夏出版社1987年版,第301、307页。
② 同上。
③ 同上。

李贽的"童心说"与西方的人本主义心理学之所以会有相同和相通之处,这不是偶然的,首先自然人性的复归是一个带有普遍性的问题,虽然东西方人所处的文化背景不同,思维方式不同,但一旦深入到问题的核心,就有可能获得相似的理解。况且世界毕竟不完全是隔绝的,李贽的学说融会了老庄哲学,而罗杰斯的学说也有老子哲学的背景,马斯洛则对禅宗感兴趣。可以说是老庄和禅宗把李贽的"童心说"和人本主义心理学的某些学说联系在一起。其次,李贽的学说和西方人本主义心理学虽然相隔3个世纪,但他们都面临着相似的社会问题,李贽所面临的是中国晚明时期市民经济兴起所产生的社会混乱,人本主义心理学所面对的是资本主义高度繁荣时期所产生的社会弊端,具体的历史语境是不同的,可从抽象的意义上说,却有相通之处。

三、李贽"童心说"的现代意义

迄今为止,李贽的"童心说"已经过了300年左右的时间,但是它并没有被历史尘封。相反,历史之流的淘洗更显出它的光亮。当我们已站在21世纪的门槛上的时候,我们觉得"童心说"向我们发出了信息,我们也向它投射出信息,在这两种信息的交换中,"童心说"的现代意义充分显示出来了。

首先,在目前正在进行的社会转型期中,由于不规范的市场经济的影响,文学的本性在很大程度上失落了,文学成为非文学,文学的负载太多太重,"文以载道"、"文以载钱",文学成为某些人赚钱的工具,成为某些人升官的工具,文学负载得越多,属于文学自身的就越少,文学的本性也就越残缺不全。文学的本性是什么?我认为文学的本性与自然的人性是一致的,文学应该是人的本性的自由的诗意的表现,是人的天然诗性智慧的实现,是"人的本质力量的对象化"。这说明,今天文学本性的失落,从根本上说是人的本性的扭曲和失落,因此,回到文学的本性,就意味着要求作家从各种各样的面具后面走出来,重新回到"人之初",回到"心之初",重新获得"童心",或者得到"第二次天真",作一个既不成熟又成熟的人,一个既深刻又有诗意的人,既保持人类的诗性智慧又能批判社会的人,总之是作一个有"童心"的"真人"。今日之文坛,"真人"太少,"假人"太多,所以文学的本性才在各种各样的"假言""假文"中失落。

其次,"童心说"作为一种创作美学,对我们今天的创作仍具有指导和启迪意义。文学的生命在于不断地出新,千篇一律的重复是文学创作的死亡。本世纪西方的第一个文论流派——俄国形式主义文论流派,提出了"陌生化"原理,其核心思想就是要避免使文学创作落入"自动化"的套板反应,"不直呼事物的名称,而是描绘事物,仿佛他第一次见到这种事物一样,他对待每一件事都仿佛是第一次发生的事件"[①],这样才能使文学创作永远保持新鲜与独创。"童心说"强调作家要有"最初一念之本心",实际上是暗示作家们,要以那种对周围的事物永远是第一次看见的感觉去描写事物也就是用一种陌生化的眼光看事物。儿童的眼光为什么总是充满诗意呢?为什么总能把周

---

① 《俄国形式主义文论选》,中国社会科学出版社 1989 年版,第 66 页。

围的一切看成是生气勃勃的呢？重要的一点就是他们对周围的世界知之甚少，他们甚至叫不出周围事物的名字，所以他们眼前的世界是陌生的、新鲜的、活泼的，他们所看的、所听的、所触的、所感的都可能是第一次，他们不得不按第一次的新鲜的感觉去描绘、去形容、去比喻，这样他们的所作所为，很少文化适应，不会落入自动化，而总是充满创造，他们的想象力也不为世俗所染而超出常规。童心永远同别出心裁的创造联系在一起。伟大的艺术家总是成熟而又充满童心的。他成熟、深刻、睿智、老练，说明他的创作达到了某种高度，形成了某种风格；但如果仅有这一面，则又说明他的创作已定型，他的风格已僵死，他已走到他的创作的尽头，他再创作不出新的东西；只有在成熟的同时又葆有童心的作家，他看起来有不成熟的一面，但正是这童心所导致的不成熟的一面，使他获得"第二次天真"，他能摆脱社会化和文化适应给他带来的束缚，他能突破定型，以儿童般的率真无邪的眼光，看待早已看惯了的世界，发现出新的东西来。从成熟走到不成熟，再从不成熟走到新的成熟，伟大作家艺术家的不断的创造过程，就是这样一个循环往复的过程。在这过程中，成熟只是达到的一个目标，而与不成熟相连的"童心"则是一次又一次的新的创造的动力。由此可见 300 年前李贽的"童心说"作为一种创作美学，不但属于过去，而且也属于现在和未来。

（原载论文集《文学理论：面向新世纪》，山东人民出版社，1997 年版）

从古典的"移情"说到现代的"异质同构"说

审美体验作为人类的复杂而微妙的心理活动,一直受到古今中外历代学者的关注。他们对审美体验的不同说明和解释,在历史上形成了众多的学说。从某种意义上说,审美体验就是对事物的情感的评价。用经验派美学家的话来说,对审美体验的说明、解释,也就是对事物的第三性质的说明、解释。

英国经验派美学家洛克首先区分事物的第一性质和第二性质。他认为事物的第一性质是指那些不以人的感觉为转移的、事物本身固有的体积、形状、动静等,这些都是可以计量的。而人对事物的这一性质的理解是事物的"真正的映像或肖像"。事物的第二性质是指那些不是事物本身所固有,而是人的感觉或经验附加到事物身上的性质,如事物的色、声、味等,必须靠知觉主体的感觉、经验才能存在的。后来的经验派美学家英国的鲍桑葵和美国的桑塔耶纳,又把人们伴随着感知觉活动所产生的情感,也看成是事物的一种客观性质——第三性质。这第三种性质,即由事物所激发的情感,在美学上又称为事物的表现性。例如,我们面对一丛迎春花,我们不但知觉到了它的茎、叶、花的形状、大小、数量(第一性质),而且我们还知觉到它的金黄的颜色、淡淡的清香(第二性质),同时,我们还听到春天的脚步声,一股欣喜之情油然而生(第三性质)。当人们进入到对事物的第三性质的把握之时,实际上是以情感的态度面对事物、评价事物,因而也正是审美体验产生的瞬间。那么如何来解释这复杂而微妙的瞬间,这就是从古典的移情说到现代的异质同构说力图说明的核心问题。

一

解释审美体验的最古老的学说是联想说。按联想说的解释,人们之所以对某一事物产生审美的情感,是由于审美主体把眼前的事物跟自己过去的某种生活经历、经验联系起来的缘故。譬如张三一看到梅花盛开就产生一种幸福感,是因为他和他的爱人的初恋是在梅花盛开时节产生的。这样,每当他一见到梅花盛开,就回想到他幸福的初恋,愉悦之情油然而生。应该说,联想说的确能解释某些审美体验。但是,随着人们审美体验范围的扩大,联想说已无法解释人们的一切审美体验。例如人们对书法、建筑等抽象艺术的审美鉴赏,就难以用联想说来解释。因为在这类审美体验中,人们的审美享受是从对象自身直接得到的,并不联想自己过去的什么生活经历。而更为重要的是在某种审美体验活动中,要求审美主体对审美对象的凝神专一,如果中间出现联想的话,不但不能增强审美体验,反而会打断审美体验,从而使审美愉悦丧失殆尽。移情说就是针对早期联想主义不能解释所有的审美体验这一缺陷而提出来的。

移情说的雏形古已有之。但是第一次明确提出"移情"观念的是德国学者罗伯特·费舍尔和他的父亲。在费舍尔父子看来,我们对于周围世界的审美观照,其基本的特点是一种自发的外射作用。那就是说,它不仅是主观的感受,而且是把真正的心灵的感情投射到我们的眼睛所感知到的人物和事物中去。一句话,"它不是 Einempfindung(感受),而是 Einfiuhlung(移情)。外射的动作是紧接着知觉而来的,并且把我们的人格融合到对象中去,因此,它不可能被说成是一种联想或回忆。在这种情形下,光线和颜色,看起来不是欢快的,就是悲哀的。当移情作用完成时,我们自己的人格就与对象完全融合一致了。"①在费舍尔父子那里,已大致确定了移情观念的意义。

然而,"移情"说的主要代表是德国美学家、心理学家里普斯。里普斯在《空间美学和几何学、视觉的错误》、《美学》、《论移情作用、内摹仿和感官感觉》、《再论移情作用》等著作中,都详细地论述了作为审美原理的移情观念。里普斯反复论证,审美体验是一种审美享受,而审美享受不是别的,是一种客观化的自我享受。在审美享受的瞬间,审美者把自我移入到一个与自我不同的对象(自然、社会、艺术中

---

① 参见李斯托威尔:《近代美学史评述》,上海译文出版社 1980 年版,第 43 页。

的事物)中去,并在对象中玩味自我本身。里普斯一再强调,移情所产生的情感与一般感受所产生的情感是不同的。在感受过程中,主体面对客体,主、客体是分离的。而在移情过程中,主体被移入到客体之中,主、客体融合为一。他举例说:"如果我在一根石柱里面感觉到自己的出力使劲,这和我要竖立石柱或毁坏石柱的出力使劲是大不相同的。再如我在蔚蓝的天空里以移情的方式感觉到我的喜悦,那蔚蓝的天空就微笑起来。我的喜悦是在天空里面的,属于天空的。这和对某一个对象微笑却不同。"①由此,我们不难看出,"移情"的基本特征是物我同一和物我互赠。即在移情发生的片刻,主体与客体的对立完全消除了,两体合为一体。对主体而言,他或她完全地沉没到对象中,在对象中流连忘返,处在一种忘我的境界。对客体而言,它与生命颤动的主体融为一体,于是原本没有生命的物体也立刻变成有人格有活力的、生气灌注的生命体。同时,在移情发生之际,物我互赠,我的情趣和物的情趣往复回流。有时物的情趣随我的情趣而定,有时我的情趣也随物的姿态而定。总而言之,物我同一,物我交感,物我互赠,物我回还,这就是里普斯所阐明的移情观念的特征。

　　这里存在着一个问题。物我之间的交感、互赠、回还、同一通过何种途径呢?或者说,物移入我,我移入物,以什么作为中介呢?对这个问题的回答,里普斯和谷鲁斯、浮龙·李是不同的。德国学者谷

---

① 里普斯:《再论移情作用》,是《西方美学史资料选编》下卷,上海人民出版社1987年版,第859页。

鲁斯和英国学者浮龙·李认为在移情之际物我之间的中介是人的生理活动,即移情的发生须借重人的身体各部所起的适应活动。谷鲁斯认为,移情现象起源于人的"内模仿"。人都有模仿的冲动。挂钟响时,我们的筋肉也一松一紧,这实际上是以筋肉的松紧来模仿钟声的节奏。这是不能产生美感的普通的模仿。美感的模仿也有筋肉的动作相配合,不过往往隐含在内不真的表现出来,所以谷鲁斯称它为"内模仿"。他举例说,"一个人在看跑马,真正的模仿当然不能实现,他不愿离开他的座位,而且他有许多理由不能去跟马跑,所以他只心领神会地在模仿马的跑动,在享受这种内模仿所产生的快感。"

浮龙·李也基本上持这种"内模仿"的观点。她举例说,"山峰耸立"这句话并不是表明山从地面上突然隆起的动作,它表明了一种移情现象。那么这种移情现象是怎样发生的呢?她说:如果我们不是举首、昂头、抬眼望的话,我们便不能看着山、树、塔之类的事物而说它们"耸立"着。就是说,正是由于观赏者的举首、昂头、抬眼望的身体动作,才使观赏者自我与山峰相遇而合一,并获得"耸立"之感。没有举首等身体动作作为中介,"山峰耸立"的移情现象就不会发生。

里普斯在回答这个问题时,所持的观点与谷鲁斯、浮龙·李不同。里普斯承认移情过程中有内模仿,但他认为内模仿的感觉运动与美感效应无关。他明确指出:"一个对象的美在任何时候都是这一对象的美,从来不是这一美的对象以外的另一事物或不是这对象的某一组成部分的事物的吸引力。这句话特别指我的身体状况所生的快感——我的身体既然和所观照的对象毫不相同,也许还和它在空间里隔得很远——不能由我感觉成为这审美对象所生的快感。身体状况所生的快感只有在我注意到身体状况时才会感觉到。说一件东西是愉快的就等于说我心眼注视到这对象时感到一种快感。但是我在注意到我的身体状况或身体器官活动时所感到的快感,和我不注意器官活动过程而全神贯注到审美对象上面时所感到的欣喜,决不能全体地或部分地同一起来。总是 A 不能等于非 A。"①里普斯举例说:"在看一座大厦时,我感到一种内心的'扩张',我的心'扩张'起来,我对我的内部变化起了这种特殊的感觉。与此相关的有筋肉紧张,也许是胸部扩张时所引起的那种筋肉紧张。只要我的注意力是集中在这座宽敞的大厦上面,上述那些感觉对于我的意识当然就不存在。"里普斯肯定地认为,移情过程中物我之间沟通的中介不是身体感觉,而是"类似联想"的心理活动。里普斯最常举的实例就是观照希腊"多利克式"石柱时的情形。古希腊的神庙常用一排的石柱来支撑着屋顶的重压。在高大的石柱上面刻有凸凹相间的纵直的槽纹。人们在观看"多利克"石柱时产生了一种奇妙的感觉:不但没有产生向下垂的感觉,反而产生一种耸立腾飞、不甘屈服的感觉。我们为什么会觉得石柱向上腾飞而不是向下垂呢? 这是因为"我们也硬着颈项,挨过艰难困苦,亲领身受过出力抵抗时的一种特殊的身心的紧张。这种经验已凝结为记忆,变为'自我'的一部分。现在目前的石柱不也是在那里撑持重压么? 不是仿佛在挺起腰杆向上面的重压说:'你要压倒我,我偏要腾起来'么? 我和石柱就出力抵抗这一点经

---

① 里普斯:《移情作用,内摹仿和器官感觉》,见《西方美学史资料选编》下卷,第 855 页。

验说,有些类似。这个类似点就成为移情作用的媒介。"

里普斯不是因为对"联想"说不满才提出"移情"说的吗?为什么他自己又回过来用"联想"来解释"移情"呢?这岂不又把"移情"与"联想"等同起来了吗?然而,里普斯并不认为自己的说法自相矛盾。他极力解释说,引起联想的事物只能使人重温某种情感,而不能直接表现某种情感;而引起移情的事物则既能使人重温某种情感,又能直接表现某种情感。例如,你曾与你的爱人在梅花盛开时候发生初恋,所以你如今一见到梅花又盛开,你就重温了你初恋时的幸福感,这是联想。但如果你直接从梅花的形状、颜色、风姿、韵致中感到欣喜、欢愉和精神抖擞,这才是移情。

尽管"移情"说的倡导者的具体见解有分歧,但他们对"移情"的功能的认识是一致的:审美经验必定带着移情,审美与移情是一回事。他们认为,人的审美即是人的自由。而"自我"是自由的牢笼。可在"移情"的瞬间,"自我"的牢笼被打开了。"自我"可以与天地万物相往来,"自我"与万物的界限消失了,进入一种"非自我"的活动中,你可随雄鹰直击长空,你可似游鱼翱翔深海,你是草原,是飞鸟,是雪山,是白云,是流水,你可以是天地交接之间那一抹地平线,你可以是在太空翱游的飞船……你在这一瞬间,你把你的痛苦都交给了外物,你解脱了,自由了。总之这种体验"包含了心灵的丰富化、开扩和提高"(里普斯语)。

"移情"说的出现是美学史上一件大事。它的影响如此巨大,以至于有人把它与生物学上的"进化论"相比,把里普斯称为美学界的达尔文。无可否认,"这一理论,比起任何其他的理论来,得到了更为普遍的承认。它在整个本世纪中,在欧洲大陆的美学思想中,取得了支配的地位。"(李斯托威尔:《近代美学史评述》)。

二

然而,作为美学上一大学说的"移情"说,随着它的成功,也遭到了强劲的挑战。这里且不说许多人责备里普斯所挑选的"移情"这个用语模棱两可、不够科学,光是与它相抗衡的众多的新说,就使"移情"说黯然失色了。如英国学者爱德华·布洛提出的"心理距离"说,就以充分的事例证明了,在审美体验中,有时候"自我"的移入不但不能产生快感,反而会产生痛感。这就说明审美必须与审美对象保持一定的心理距离。德国学者 W. 沃林格提出的"抽象冲动"说,也指出"移情"说根本无法解释对抽象艺术的欣赏。此外,"审美无功利"说,"审美态度"说,"审美静观"说,"客观性质"说等等,也与"移情"说大异其趣。

这些学说对"移情"说的批判,似乎可归结为李斯托威尔的如下的结论:"移情"说"企图把丰富多彩的美感经验归结到一个单一的方面。不管这个方面意义多么重要,多么深刻,都不可避免地只能代表整体中一个微弱的方面。"如果说"心理距离"说、"抽象冲动"说等还承认"移情"说在解释某些(不是全部)审美体验时还有效的话,那么崛起于1930年代的格式塔心理学派提出的"异质同构"说,则从根本上否定了"移情"说。这样,上世纪末和本世纪初产生的"移情"说在人们心目中逐渐变成了古典的,而论证还远不充分的"异质同构"说则以现代的身姿活跃于美学园地。

"异质同构"说的思想幼芽也是古已有之,这就是先哲们不断提出的身心的对应问题。但真正把它当作一种审美理论提出来的是格式塔心理学家。这一学说的基本思想是:人体和人体之外的所有事物(即一切知觉对象)结构本身就富有情感表现性。例如"一棵垂柳之所以看上去是悲哀的,并不是因为它看上去像是一个悲哀的人,而是因为垂柳枝条的形状、方向和柔软性本身就传达了一种被动下垂的表现性"①,这也就是说情感表现性是知觉式样本身的一种固有性质,而决不是像"移情"论者所解释的那样,是人把自我情感移置于物的结果。

然而,人的内心是如何感应到了外物这种表现性的呢?即物理世界和精神世界是如何沟通的呢?格式塔心理学家回答说:尽管物理世界和心理世界是不同质的,但两个世界的力的结构可以是相同的。"像上升和下降、统治和服从、软弱和坚强、和谐与混乱、前进与退让等等基调,实际上乃是一切存在物的基本存在形式。"②无论是客观的物理世界,还是主观的精神世界,都普遍存在着这同样的力的结构,即都具有情感的表现性。柳条下垂(物理世界)与人的悲哀(精神世界)虽然是不同质的;但其力的结构则是同型的(都是由高到低)。这样,当下垂的柳条呈现在人的面前之际,它的力的结构就通过视觉神经系统传到大脑皮层,这就与人的神经系统中所固有的悲

---

① 鲁道夫·阿恩海姆:《艺术与视知觉》,中国社会科学出版社1984年版,第624页。

② 同上书,第625页。

哀的力的结构接通,而达到了同形契合,于是内外两个世界产生了共鸣。在中国的古代文论中,对这种心物对应的情形早有描述,如陆机《文赋》中说:"遵四时以叹逝,瞻万物而思纷。悲落叶于劲秋,喜柔条于芳春。心懔懔以怀霜,志眇眇而临云。"在这段话中,就分别把属于物理世界与精神世界的落叶与悲凉、柔条与芳心、寒霜与畏惧、云霞与亢奋,一一对应起来。"异质同构"说实际上是企图把这种描述提升到现代科学的水平。

然而,"异质同构"说的致命弱点在于,它把物理世界与精神世界的中介归结为一种未经充分证实的大脑力场。这就使得它的学术价值受到了怀疑。在我看来,真理并不在一家一派手里。"联想"说、"移情"说、"抽象冲动"说、"心理距离"说、"审美态度"说、"客观性质"说和"异质同构"说等,各自都能解释部分的审美体验,但任何一说又都不能解释全部的审美体验。因此,各说互补才是可取的。

(原载《百科知识》1988年第5期)